KB056288

OBFUSCATION

OBFUSCATION

난독화,
디지털 프라이버시 생존 전략

더 이상 개인정보는 없다

OBFUSCATION

OBFUSCATION

핀 브런튼 · 헬렌 니센바움 지음
배수헌 · 이정표 옮김

에이콘

지은이 소개

핀 브런튼 Finn Brunton

뉴욕대학교 미디어 · 문화 · 커뮤니케이션 전공 부교수로 재직 중이며
『Spam: A Shadow History of the Internet』(MIT Press, 2015)의 저자다.

헬렌 니센바움 Helen Nissenbaum

뉴욕대학교 미디어 · 문화 · 커뮤니케이션 및 컴퓨터과학 전공 교수로 저
서로는 『Privacy in Context』(Stanford Law Books, 2009)가 있다. 트랙미낫
TrackMeNot 소프트웨어의 개발자이기도 하다.

감사의 글

이 책은 트랙미낫^{TrackMeNot}이라는 기술 프로젝트에서부터 시작됐다. 프로젝트를 맨 처음 시작한 다니엘 하우, 그리고 이후 합류해 프로젝트를 확대해 나가면서 프로젝트 자체뿐만 아니라 트랙미낫 기술을 실제로 시도하는 사람들에게도 지원을 아끼지 않은 빈센트 투비아나에게 진심으로 고맙다는 말을 전하고 싶다. 사용자 커뮤니티 및 프라이버시 관련 커뮤니티의 의견과 댓글, 그리고 라크쉬미나라야난과 쓴 공동 논문('트랙미낫: 웹 검색에서의 프라이버시 향상 방안', 빈센트 투비아나, 라크쉬미나라야난 수브라마니안, 헬렌 니센바움) 덕분에 이 책의 저자들은 이 기술의 잠재력과 한계에 모두 눈을 뜨게 됐다. 이후 다니엘 하우 외에 디자이너인 무쑌 제르 아비브와 함께 두 번째 시스템 애드너지앰^{AdNauseam}을 개발하고 출시하면서 난독화^{obfuscation}에 대한 관점을 더욱 확장하게 됐고, 그 결과 하나의 수단이자 전략으로서 난독화를 통해 무엇을 할 수 있는지에 대해 좀 더 깊이 있고 체계적으로 평가할 필요가 있다고 생각하게 됐다.

이에 따라 난독화를 좀 더 전반적으로 이해하고자, 먼저 「퍼스트 먼데이^{First Monday}」에 실린 한 논문과 『프라이버시, 듀 프로세스와 컴퓨테이셔널 턴^{Privacy, Due Process and the Computational Turn}』에서 다룬 상당수의 개념들을 탐구해 볼 수 있었고, 특히 이들 논문의 감수와 편집자 의견으로부터 큰 도움을 받았다.

이 책으로 엮어내기까지 리뷰어들, 그리고 MIT출판사의 마거릿 애버리, 지타 마낙탈라, 수잔 버클리, 케이티 헬키, 폴 베쓰의 격려와 세심한 조언이 없었다면 이 책의 출간은 불가능했을 것이다. 모두에게 감사를 전한다.

에밀리 골드셔-다이아먼드는 꼼꼼한 연구 조교로서의 역할을 충실히 수행했을 뿐만 아니라 프로젝트 외적인 많은 부분까지도 챙겨줬다. 이 책은 초안 작업부터 출간 단계까지 국립과학재단(ITR-0331542: 인터넷 세상의 민감 정보), EAGER(CNS-1355398: 미래 인터넷 아키텍처 설계에서 고려해야 할 가치 - 다음 단계), 공군 과학연구소(MURI-ONR BAA 07-036: 협력적 정책 수립과 정보 공유의 확립), 인텔 소셜 컴퓨팅 과학기술센터 등의 여러 기관으로부터 지원금을 받았다. 이러한 지원금은 우리가 프로젝트를 추진하고 마침내 결과물을 낼 수 있도록 시간과 기술 측면에서 큰 도움이 됐고 연구자들에게 사명감을 심어줬다.

또한 난독화에 관한 우리의 생각을 형성하고 정교화하는 데는 두 가지 행사가 도움이 됐다. 하나는 2014년 2월 15일 뉴욕대 미디어, 문화, 커뮤니케이션 학부와 정보법 연구소가 공동 주최하고 인텔 소셜 컴퓨팅 과학기술센터가 공동 후원한 난독화에 관한 심포지엄이다. 이 행사를 개최하는 데 도움을 준 니콜 아르츠트, 에밀리 골드셔-다이아먼드, 도브 헬레나 페들로스키, 멜리사 루카스 루드비히, 에리카 로블스-안데르손, 제이미 슐러에게 감사하며, 특히 그날 행사의 많은 부분을 조직하고 구성과 운영을 맡아준 세다 귀르세스에게 감사하고 싶다. 그날 강연자 한 분 한 분이 이 책을 쓰는 데 직접적인 영향을 줬다. 또 다른 행사는 뉴욕대의 프라이버시 연구 그룹과 함께 지금까지도 꾸준히 진행하고 있는 토론회로, 이 그룹의 주간 세미나에서 이 책을 저술하는 과정에서 만들어진 여러 차례 중간 결과물을 발표한 바 있다. 프라이버시 연구 그룹에서의 토론이 없었다면 이 책은 결코 완성되지 못했을 것이다. 토론에 참여한 모든 분들께 감사한다.

그 외에 이 작업의 결과를 발표하고 시험해볼 수 있었던 다른 기회들도 큰 도움이 됐으며, 지지를 보내준 이들, 비판적인 이들, 믿음을 가졌던 이들, 회의적인 이들을 막론하고 다양한 사람들이 보여준 반응을 통해 우리의 생각을 크게 개선할 수 있었다. 이러한 기회에는 MIT 시민 미디어 및 비교 미디어 연구소의 공동 세미나, 사회 연구 뉴 스쿨의 2014년 졸업생 컨퍼런스, 텔아비브의 뉴미디어 살롱, 예루살렘 히브루대학교의 커뮤니케이션 및 저널리즘 학부 세미나, 하이파 IBM R&D 연구소, 아이빔 아트+기술센터, HotPETS 2013, 브뤼셀의 '컴퓨터, 프라이버시와 데이터 보호' 컨퍼런스, 퀸즈대학교의 감시 연구 컨퍼런스 등이 있었다.

또한 우리가 이 책을 저술하는 동안 난독화에 대한 생각을 발전시켜 나가면서 난독화에 대해 함께 논의할 수 있었고 또 기꺼이 의견과 아이디어를 나눠주고 애정 어린 비판과 격려를 아끼지 않은 친구와 동료들에게 깊은 감사를 전한다. 특히 줄리아 앵윈[Julia Angwin], 솔론 바로카스[Solon Barocas], 다나 보이드[danah boyd], 클라우디아 디아즈[Claudia Diaz], 신시아 드워크[Cynthia Dwork], 캐시 드위어[Cathy Dwyer], 타레톤 질레스피[Tarleton Gillespie], 미레유 힐데브란트[Mireille Hildebrandt], 아리 주엘스[Ari Juels], 닉 몬포트[Nick Montfort], 데어드르 멀리건[Deirdre Mulligan], 아르빈드 나라야난[Arvind Narayanan], 마티진 반 오테를로[Martijn van Otterloo], 아이라 루빈스타인[Ira Rubinstein], 이안 스피로[Ian Spiro], 루크 스타크[Luke Stark], 캐서린 스트랜드버그[Katherine Strandburg], 매튜 티어니[Matthew Tierney], 죠 터로[Joe Turow], 재닛 버테시[Janet Vertesi], 탈 자르스키[Tal Zarsky], 몰테 치비츠[Malte Ziewitz], 에단 주커만[Ethan Zuckerman]에게 감사한다.

마지막으로, 이 책은 나의 홈 그라운드인 NYU의 미디어, 문화, 커뮤니케이션 학부가 지원해주지 않았다면 결코 빛을 보지 못했을 것이다. 모든 분들께 감사한다.

옮긴이 소개

배수현(sh@openidealab.org)

고려대학교에서 영어영문학을 전공하고 미국 몬트레이 통번역 대학원에서 번역학을 공부했다. 국내외 정부 기관 및 기업에서 통번역 및 국제 교류 관련 경력을 쌓고 현재는 프리랜서 번역가로 활동하고 있다. 기술과 문화, 지식의 공유와 개방에 대한 관심을 바탕으로 2011년부터 크리에이티브 커먼즈의 아시아 태평양 지역 코디네이터를 맡고 있다. 오픈아이디어랩OIL을 통해 의미 있고 재미있는 시도들을 즐겁게 이어나갈 수 있는 방법을 고민하고 있다. 옮긴 책으로는『공유인으로 사고하라』(갈무리, 2015),『오픈 디자인』(안그라픽스, 2015),『열린 정부 만들기』(에이콘, 2012),『참여와 소통의 정부 2.0』(아이앤유, 2011) 등이 있다.

이정표(jp@openidealab.org)

PC용 소프트웨어부터 웹 개발, 모바일 브라우저 개발에 이르기까지 20년 동안 다양한 개발 프로젝트에 참여했다. 텔레카코리아와 탁텔아시아, 케이티하이텔에서 근무했으며 현재는 KT에서 SW 품질 평가 업무를 맡고 있다. 오픈 라이선스를 통한 디지털 정보 및 공유 기술 확산에 관심이 많아 2009년부터 비영리 단체인 크리에이티브 커먼즈 코리아CCK와 코드나무Codenamu, 오픈아이디어랩에서 활동하고 있다. 옮긴 책으로는『워드프레스 플러그인과 테마 만들기』(에이콘, 2012),『Hudson3 설치와 운용』(에이콘, 2014)이 있고,『크리에이티브 커먼즈 권리표현언어ccREL』(2009)와『참여와 소통의 정부 2.0』(아이앤유, 2011)의 공역자로 참여했다.

옮긴이의 말

2013년, 이른바 '스노든 사건'을 계기로 유엔 총회에서는 '디지털 시대의 프라이버시권The Right to Privacy in the Digital Age' 결의안이 통과됐다. 개인정보라고 하면 단순히 개인정보가 싼값에 팔려 나가 금융 사기에 활용될 위험을 걱정하던 수준에서, 일상에서 개인정보가 수집, 저장, 활용되는 것을 스스로 결정하고 통제할 수 있는 '인권'으로 보호돼야 한다는 국제 사회의 인식을 보여주는 결정이었다. 그리고 2016년 11월 21일, UN 총회에서는 다시 새로운 결의안을 채택한다. 이번에는 국가 정부의 개인정보 수집 및 활용에서 나아가, 민간 부문의 프라이버시권 침해에 대한 국가의 제재를 촉구하는 내용을 담고 있다. 갈수록 일상에서 온라인과 오프라인의 경계가 모호해지고 있는 시대를 맞이해, 디지털 환경에서 개인정보의 과도한 수집과 통제는 제한돼야 한다는 점에 대한 합의가 반영된 결과일 것이다.

개인정보를 수집하고 통제하는 주체는 잠재적 범죄자나 테러 용의자를 추적하는 국가 정부일 수도 있고, 사용자가 관심 있을 만한 맞춤 콘텐츠를 알아서 챙겨 보여주는 소셜 네트워크 서비스일 수도 있다. 정부에게는 범죄나 테러를 방지해 시민의 안전을 보호한다는 목적이 있으며, 소셜 네트워크 서비스는 사용자에게 더 편리한 서비스를 제공한다는 명목으로 개인정보를 수집하고 저장하고 활용한다. 그런데 문제는, 이러한 일이 개인이 원하든 원치 않든, 어떤 방식으로 어느 정도까지 이뤄지는지 모르는 중에도 이뤄지고 있다는 것이다. 더 문제는 설령 알 수 있다 하더라도, '본인의 개인정보 제공에 동의합니다.'에 체크하지 않기가 현실적으로 어려워지고 있다는 점이다. 페이스북을 켜면, 보고 싶지 않은 성형외과 광고가 나와 관련 있는 광고라며 친구의 게시글과 나란히 올라와 있는 상황에 눈살이 찌푸려지곤 한다. 하지만 그렇다고 페이스북을 탈퇴하자니 사회 생활에서 소외될까 두려워 차마 그럴 수도 없다. 그렇게 무관심해서, 혹은 찜찜하지만 어쩔 수 없이 무심코 동의한 수많은 개인정보 처리 방침에 따라 내 개인정보가 기업과 정부의 손에 들어가고 있다는 것을 어렴풋이 알지만, 그렇다고 해서 개인이 선택할 수 있는 여지는 사실상 거의 없다.

이 책의 저자들은 이러한 디지털 정보 시대를 살아가는 소시민이 때로는 불합리한 프라이버시 침해에 대한 저항을 표출하는 수단으로, 때로는 최소한의 '디지털 생존권'을 지키기 위한 고육지책으로 시도해볼 수 있을 법한 여러 가지 흥미로운 대안들을 보여준다. 물론 디지털 시대의 프라이버시가 과연 무엇인지, 그리고 사회의 상충하는 다양한 가치들 속에서 새삼스레 부각되고 있는 프라이버시에 대한 논의가 과연 어떤 방향으로 나아가는 것이 맞는지에 대한 고민이 먼저가 아닌가라는 의문이 생길 수도 있다. 그러나 오히려 이 책이 다양한 사례와 대안들을 통해 우리가 막연하게 생각하고 있던 디지털 프라이버시에 대해 좀 더 구체적이고 현실적인 관점에서 질문을 던져보는 계기가 될 수 있을 것이다.

차례

I부   난독화 용어

1장   주요 사례   27

들어가며

우리는 이 책을 통해 혁명을 일으키고자 한다. 하지만 적어도 처음부터 거창한 변혁을 꿈꾸는 것은 아니다. 대대적인 개혁이라든가, 원년을 다시 선포하는 수준의 전면적인 사회 재창조, 신기술을 잡음 하나 없이 매끄럽고 완벽하게 일괄적으로 도입하는 방법을 생각하지도 않는다. 우리가 꿈꾸는 혁명은 철학자들은 당장 사용할 수 있는ready-to-hand 도구라 부르고 기술 분야에서는 범용 하드웨어에 해당하는, 일상생활이나 영화, 소프트웨어, 풀기 어려운 살인 사건, 심지어는 동물 세계에서도 흔히 볼 수 있는 이미 존재하는 요소들을 바탕으로 한다. "혁명의 수단은 독재자나 폭군, 비밀경찰에 의해 장악되기 쉽고, 또 지금까지 실제로 그랬다. 그러나 우리가 추구하는 혁명은 데이터 침해를 거부할 수도, 그 영향력에서 벗어날 수도, 그렇다고 자신의 데이터 침해를 통제할 수도 없는, 한마디로 꼼짝없이 당할 수밖에 없는 보잘것없는 약자들에게 특히 적합한 방식이다." 이 제한적 혁명의 목표는 현대의 디지털 감시에 저항하고 그 감시를 약화하는 것이다. 회피나 불복종, 노골적 거부나 계획적 방해를 목적으로 하는 기존의 저항 수단이나 새로 등장하는 여러 저항 수단뿐만 아니라, 그 밖의 다른 개념과 기술을 동원해 이를 '우리 스스로가 정한' 이용 약관에 따라 사용할 것이다. 감시망 밖으로 사라지기, 시간 벌기, 분석 불가능하게 하기, 감시에 대한 조롱 행위로서의 불복종, 집단적 저항, 크고 작음을 막론하고 부정을 바로잡기 위한 개별적 행동 등을 상대가 누구인지에 따라, 또는 목표나 가용 자원에 따라 실행할 수 있는 수단을 제공하고자 한다. 이미 확립된 기존 사례들과 새로 등장하고 있는 사례들을 모두 포함하는 전체적인 밑그림을 그려보고, 그 모든 경우에 공통으로 적용될 수 있는 접근법을 도출한 다음, 이를 일반화해 정책, 소프트웨어, 행동으로 구체화할 수 있는지 살펴볼 것이다. 이 밑그림은 우리의 거대한, 그러나 작은 혁명의 시도들을 뒷받침하는 기치며, 이 밑그림이 정의하는 것이 바로 '난독화'다.

한마디로 정리하자면, 난독화는 '감시나 데이터 수집을 방해하기 위해 모호하거나 헷갈리거나 호도하는 정보를 고의로 섞어 넣는 것'이다. 개념은 간단하나 그 적용과 사용은 여러 가지로 다양하고 복잡하다. 만약 소프트웨어 개발자나 디자이너로서 소셜 네트워킹이나 위치정보 서비스 등 사용자의 개인정보 수집 및 사용이 필요한 서비스를 만드는 경우, 소프트웨어에 난독화를 도입하면 사용자의 데이터를 외부로부터만이 아니라 소프트웨어를 개발한 개발사로부터도 지킬 수 있으며 심지어 그 스타트업이 다른 회사에 인수되는 경우에도 안전하게 지킬 수 있다. 정부 기관에서도 난독화를 이용하면 데이터 수집의 여러 목적은 달성하면서도 데이터 남용 위험을 최소화할 수 있다. 또 현대 사회에 만연한 디지털 감시와 그에 따른 분석의 대상이 되고 싶지 않은 개인이나 집단에게도 난독화는 감시를 방해하고, 시간을 벌고, 수많은 신호 속으로 숨어버릴 수 있는 여러 가지 방법을 제공한다. 이 책이 바로 그 출발점이 될 것이다.

이 프로젝트는 자신에 대한 정보를 감시자가 보고, 읽고, 들을 수 있는 상황을 강요받는 사람들이 가짜 신호들 사이에 진짜 중요한 신호를 감추는 방식으로 대응해온 여러 다양한 영역들을 살펴보고, 그 사이의 흥미로운 유사점을 찾아내고자 했다. 한 가지 난독화 전략에 대해서도 실제 행위자들이 이를 적용하게 되는 상황은 너무나 다양하다는 점이 매우 인상적이었고, 이에 따라 1장과 2장에서는 이 일반적이고 공통된 흐름을 공유하는 십여 가지 구체적인 사례들을 소개했다. 1장과 2장으로 구성된 1부에서는 난독화의 다양한 형태와 형식을 안내하고, 그 적용 사례들에서 각각의 목적과 대상에 맞게 어떻게 난독화가 구현되고 실행됐는지 보여주고 있다. 소셜 네트워크에서든, 포커 게임에서든, 2차 세계 대전 중의 상공에서든, 아니면 안면 인식 시스템이나 1980년대 인종 차별 정책을 실시한 남아프리카공화국 정부, 포커 테이블 반대편에 앉아있는 게임 상대처럼 구체적으로 적에 맞서야 하는 경우든 간에, 난독화를 적절히 구사한다면 프라이버시를 보호하고 데이터 수집, 감시, 분석을 막는 데 도움이 될 수 있다. 1장과 2장에 소개된 다양하고 폭넓은 상황과 사례들을 통해 난독화로 내가 무엇을 할 수 있는지 아이디어를 얻을 수 있을 것이다.

1장에서 소개된 사례들은 하나의 서사를 통해 난독화에 대한 근본적인 질문들을 던지고 중요한 접근법들을 설명하는 흐름으로 구성돼 있으며, 이 책의 2부에서 논의하게 될 중요한 접근법을 살펴본다. 2장에서는 근본 개념들을 뒷받침하는 다양하고 폭넓은 난독화 사례들을 여러 짧은 예시를 통해 보여준다.

3장에서 5장까지는 프라이버시의 다양한 분야에서 난독화의 역할이 있는 이유와 난독화 기법을 사용함으로써 생기는 윤리적, 사회적, 정치적 문제들, 어떤 특정 상황에서 난독화가 과연 효과가 있는지 혹은 효과적일 수 있는지 평가하는 방법들을 살펴봄으로써 난독화에 대한 독자의 이해 폭을 넓히고자 했다. 어떤 난독화 방법이 효과적인 방법인지 평가하려면 난독화가 다른 방법들과 어떻게 다른지, 난독화의 장단점이 무엇인지를 이해해야 한다. 3장부터 5장까지의 제목은 질문으로 돼 있다.

3장에서 던지는 첫 번째 질문은 '왜 난독화가 필요한가?'다. 이 질문에 답하기 위해 오늘날의 디지털 프라이버시와 관련한 문제들을 어떻게 난독화를 활용해 해결할 수 있는지 설명한다. 나에 관한 정보가 내가 알 수 없는 환경에서 내가 알 수 없는 목적을 위해 수집되고 그 정보가 내가 알 수 없는 방식으로 사용될 때 발생하는 '정보 비대칭'에 대응하기 위한 수단으로 난독화가 어떻게 활용될 수 있는지 언급한다. 우리의 데이터는 공유되고, 거래되고, 관리되고, 분석되고, 적용될 것이며, 그런 모든 것이 우리의 삶에 영향을 끼치게 될 것이다. 대출 신청이나 아파트 청약을 하고 기다리고 있는가? 그렇다면 내 보험 등급이나 신용 등급은 어떻게 될까? 내가 받는 광고는 무엇에 근거해 결정되는 것일까? 그 많은 회사와 서비스들이 어떻게 내가 임신 중이라거나, 중독으로 고생하고 있다거나, 이직을 준비 중임을 아는 것일까? 집단별, 인구 분포별, 지역별로 대출 한도가 다른 이유는 무엇일까? 데이터를 테러 방지에 이용하는 이 시대에 듣게 되는 불길한 얘기처럼 내가 '블랙리스트에 오르게' 되는 것은 아닐까? 데이터와 관련해서는 악의나 어떤 다른 속내가 없어 보이는 행위도 어떠한 결과를 초래할 수 있는지 잘 따져봐야 한다. 난독화는 거버넌스나 영업 행위, 기술적 개입을 대체하는 방법이라든가 만능 해법(앞서도 언급했듯 오히려 의도적으로 소규모로, 분산된 방식으로 이뤄지는 혁명이다.)으로서가 아니라, 좀 더 폭넓은 다양한 프라이버시 관행에 맞춰 적용될 수 있는 도구로 활용될 수 있다. 특히 특정 상황에든 아니면 일반적으로든 어떤 정보를 둘러싼 권력 관계에서 약자이기 때문에 자신에게 최적화된 프라이버시 보호 수단을 사용할 수 없는 사람들에게는 난독화가 딱 맞는 수단이 될 수 있다.

또 한편으로는 난독화가 어떤 맥락에서 사용되는가에 따라 난독화를 둘러싼 윤리적, 정치적 문제가 발생한다. 사회 정책에서부터 사회적 관계나 개인적 행위에 이르기까지 다양한 영역에서 활용되는 난독화는 심각한 우려를 제기한다. 그런 점에서 4장에서는 "난독화가 정당화될 수 있는가?"라는 질문을 던지고 있다. 난독화가 사람들이 거짓말을 하고 일부러 틀린 정보를 주도록 부추기는 것은 아닌가? 상업적이나 공적 목적으로 활용되는 데이터베이스를 자칫 위험할 수 있는 거짓 정보들로 오염시키라고 조장하는 것은 아닐까? 상업적 서비스를 이용할 때 난독화의 방법을 쓰는 사람들은 타깃 광고와 서비스에 순순히 자신의 정보를 내어주는 다른 사용자의 선의에 무임승차하는 것 아닌가? 그리고 만약 난독화가 널리 사용되는 관행으로 자리 잡을 경우에는 사회 전체적으로 처리 능력과 대역폭을 낭비하게 되는 것 아닐까? 4장에서는 이러한 문제를 다루고 어떤 난독화 사례가 사회적으로 허용 가능한지 여부를 평가할 때 참고할 도덕적, 정치적 판단 기준을 설명한다.

5장에서는 난독화가 할 수 있는 것은 무엇이고 할 수 없는 것은 무엇인지를 중점적으로 다루고 있다. 암호학과 비교하면 난독화는 즉흥적이고 불안해 보일 수도 있다. 예를 들어 암호학에서는 공격자의 브루트포스brute-force 해킹 시도를 막을 수 있는 보안 수준을 키 값의 길이나 처리 능력, 시간 등을 고려해 정확하게 계산해낼 수 있다. 그러나 난독화로는 그런 정확한 계산이 거의 불가능하다. 실용적인 도구로서 난독화의 강점은 난독화를 통해 무엇을 이루고자 하는지, 난독화를 사용할 때 각각의 상황에서 어떤 구체적인 장벽에 맞닥뜨리게 되는지에 따라 결정되기 때문이다. 하지만 복잡하다는 것이 꼭 혼란스럽다는 의미는 아니며, 난독화의 경우에도 어디까지나 성공하기 위해서는 요소들 간의 상호 의존적 관계를 체계적으로 엮는 데 세심한 주의를 기울여야 한다. 5장에서는 난독화 프로젝트들의 여섯 가지 공통적인 목표를 밝히고 이를 프로젝트 설계 차원과 연결해 살펴볼 것이다. 여섯 가지 목표에는 시간 벌기, 보호막 치기, 진술 거부하기, 감시 회피하기, 프로파일링 방해하기, 저항 표출하기가 있다. 이 책에서 다루는 설계 관련 요소로는 난독화 프로젝트가 개인적인지 집단적인지, 잘 알려진 것인지 잘 모르는 것인지, 선택 적용이 가능한지 전반적으로 적용되는지, 단기 전략인지 장기 전략인지 등이 있다. 예를 들면, 어떤 목표의 경우에는 적이 난독화 전략이 사용되고 있다는 것을 알고 있으면 성공하기 힘들다. 반면 다른 목표들, 예를 들어 집단적 저항을 표출하려는 경우나

적이 그럴싸한 말로 발뺌할 구실을 만들지 못하게 막으려는 경우라면 데이터가 오염됐다는 사실을 상대가 아는 것이 더 낫다. 물론 이 모든 것은 상대가 어떤 자원을 가졌느냐에 따라 달라진다. 즉 난독화된 정보를 파악하고 솎아내는 데 상대방이 얼마나 많은 시간과 에너지, 관심과 비용을 지불할 의향이 있는지에 달려 있는 것이다. 이런 상대적 특성은 까다롭기는 하지만 오히려 긍정적으로 볼 수 있는 측면도 있는데, 구체적 사례들을 살펴봄으로써 어떻게 하면 난독화 전략을 목적에 맞게 개선 가능한지 알 수 있기 때문이다. 난독화가 효과가 있겠느냐고 묻는다면, 답은 '그렇다.'다. 다만, 각 상황에서.

이제 본론으로 들어가보자.

I

난독화 용어

난독화 전략에는 여러 가지가 있다. 사용자의 목적에 따라(단 몇 분의 시간을 벌어주는 것에서 프로파일링 시스템을 영구적으로 방해하는 것까지 다양하다.), 혼자 하는지 아니면 여럿이 같이 하는지에 따라, 목표와 수혜자에 따라, 난독화의 대상이 되는 정보의 성격에 따라, 2부에서 논의할 다른 변수들에 따라 결정된다(1부와 2부는 독립적이다. 난독화의 목적이나 윤리적, 정치적 논란, 혹은 난독화가 새롭고 유용한 개인정보 보호 도구로 기능할 수 있는 상황에 관해 궁금한 점이 있다면 1장을 건너뛰어도 무방하다). 다만 한 가지 짚고 넘어가고 싶다. 어떻게 많은 구체적인 난독화 상황들이 어떤 하나의 유형으로 일반화될 수 있는지에 대해서는 이해할 필요가 있다는 점이다. 우리는 겉보기에는 서로 아무 관련도 없어 보이는 사건들을 어떤 분류 체계로 한 식구로 엮어 그 사건들의 바닥에 깔린 연관성을 드러내고, 어떻게 다른 맥락과 문제에도 비슷한 방법이 적용될 수 있는지 보여주겠다. 난독화는 해결하고자 하는 문제와 난독화를 통해 막거나 지체시키고자 하는 상대에 따라 그 형태가 정해진다는 점에서 불확정적이다. 하지만 한 가지 간단한 근본적인 특징이 있다. 즉 감시를 거부하거나 거절할 수 없는 상황에서, 그럴싸하면서 애매모호하고 사실과 다른 신호를 생성한 다음, 감추고 싶은 정보가 사라질 수 있는 모호하고 거짓된 신호를 무수히 만들어낸다는 점이다.

난독화가 오늘날 어떻게 사용되고 개발되는지 가장 뚜렷하게 보여주고 나아가 독자가 이 책을 읽어나가는 동안 참고할 수 있도록, 난독화가 어떻게 작동하며 난독화를 통해 무엇을 할 수 있는지 단적으로 보여주는 핵심적인 사례 몇 가지를 골랐고, 이 사례들을 주제별로 구성했다. 사례들이 단순히 분류한 유형에 꼭 들어맞는 것은 아니지만 사례들을 구조적으로 배치함으로써 독자가 다양한 난독화의 방식들을 명확하게 이해할 수 있도록 했다. 또 이 대표 사례들뿐만 아니라 그 외의 다른 적용 방법과 그 방식이 적용되는 독특한 맥락을 보여주는 간단한 예도 담았다. 이런 사례와 설명을 통해 독자들은 우리가 지금까지 모든 영역에서 찾아낸 난독화를 전부 한눈에 볼 수 있을 것이다. 난독화는 긍정적이든 부정적이든, 효과가 있든 없든, 선별적이든 무차별적이든, 자연적이든 인공적이든, 아날로그든 디지털이든, 다양한 분야에서 다양한 형태로 나타난다.

1

주요 사례

1.1 채프: 군사용 레이다 무력화하기

제2차 세계 대전 중에 한 병사가 함부르크 상공의 적기를 추적하고 있었다. 레이다 안테나가 한 바퀴 회전할 때마다 화면 위의 항공기 위치를 나타내는 형광 점의 위치가 업데이트되면 그 위치를 이용해 탐조등과 대공포를 조종하는 중이었다. 그런데 어느 순간 형광 점의 수가 급증하더니 삽시간에 화면은 형광점으로 가득 찼다. 진짜 항공기가 그 어딘가에 있는 것은 분명했지만 화면을 뒤덮은 가짜 신호 때문에 위치를 파악하는 것은 불가능했다.[1]

항공기에서 알루미늄 호일로 만든 먹지를 채운 채프 조각을 뿌려서 감시 레이다의 주파수를 무력화한 것이다. 보통 1파운드 정도의 채프를 항공기 밖으로 뿌리면 이것이 공기 중으로 흩어지면서 탐지 레이다 화면을 신호로 채워버린다. 채프가 레이다에 입력된 데이터와 완벽히 일치하기 때문에, 레이다가 감당할 수 없을 만큼 수많은 '비행체'를 사방에 흩뿌리는 것과 마찬가지가 된 것이다.

이 사례는 가장 정석적이고 단순한 방식의 난독화의 예라 할 수 있다. 진짜 항공기를 찾아내지 못하게 아예 막을 수는 없었기 때문에(당시에는 항공기가 레이다에 포착되지 않도록 할 수 있는 방법이 없었다.) 수많은 가짜 항공기를 만들어냄으로써 적의 탐지 시스템이 진짜 항공기를 찾는 데 드는 시간과 대역폭을 늘려 부담을 줄 수 있었다. 채프 조각들은 바닥에 떨어지기 전까지만 효과가 있고 영구적인 해법은 아니라는 사실은 여기에서는 그리 중요하지 않았다. 항공기가 레이다의 탐지망을 벗어날 때까지만 효과가 있으면 충분했다.

2부에서 논의하겠지만, 많은 난독화 방식들은 시간 벌기 목적의 일회성 조치로 가장 큰 효과를 발휘한다. 겨우 몇 분밖에 벌어주지 못하더라도 때로는 그 몇 분이면 충분하다.

또 이 채프의 예는 가장 기본적인 수준에서지만 여러 가지 난독화의 방식을 서로 구분할 수 있게 해준다. 채프는 진짜를 모방한 가짜 신호, 즉 '메아리'를 만들어내 감시자의 감시망을 교란하는 방식에 기반한다. 프레드 코헨은 이를 '유인 전략'이라 불렀다.[2] 뒤에서 좀 더 다루겠지만, 어떤 난독화 전략은 실제 신호는 신호이되 잘못된 정보를 담은 신호를 생성한다. 예를 들어, 진짜 차량에 탄 사람을 보호하기 위해 똑같은 차량 여러 대로 호위한다거나, 한 대의 특정 비행기를 지키기 위해 다른 비행기를 여러 대 같이 띄운다거나 하는 식이다. 반면 어떤 난독화 전략에서는 감시자가 패턴을 파악하기 어렵도록 데이터를 섞어 진짜 신호를 뒤섞어버리기도 한다. 채프 전략은 실행자가 적에 대해 정확히 알고 있는 경우이므로 위의 유형에는 해당하지 않는다.

만약 난독화의 설계자가 감시자의 한계를 구체적이고 자세하게 알고 있다면, 적이 사용하는 파장을 딱 45분간만 방해하는 난독화 전략을 만들 수 있다. 하지만 만약 적이 사용하는 감시 시스템이 지속 기간이 좀 더 길거나 좀 더 포괄적인 감시 능력을 갖춘 시스템이라면 적의 속내, 즉 감시를 통해 얻은 데이터에서 어떤 유용한 정보를 뽑아내려고 하는 것인지에 대해 알고 있는 지식을 동원해 진짜 신호를 조작함으로써 적이 품고 있는 의도를 좌절시켜야 한다.

　진짜 신호를 조작하는 난독화 방법을 알아보기 전에 먼저 위의 예와는 전혀 다른, 채널을 수많은 메아리로 마비시키는 난독화 전략의 예부터 살펴보자.

1.2 트위터 봇: 잡음으로 채널 교란하기

이번에는 대조적인 두 가지 사례를 소개하겠다. 모방 신호를 만들어내는 난독화 방식을 사용한다는 점에서는 같지만, 2차 세계 대전과 현대의 레이다와 소셜 네트워크로 세부적인 내용은 완전히 다르다. 또 중요한 주제를 던지기도 한다.

　3장에서는 난독화가 불균형적인 권력 관계에서의 약자들에게 특히 잘 맞는 수단이라는 점을 밝히고 있다. 만약 숨을 수도 없고, 추적이나 감시를 거부할 수도 없고, 보안이 철저한 네트워크에서 벗어날 수 없는 상황이라면 이런 전략을 택할 이유가 충분히 있다. 그렇다고 이 수단을 권력을 가진 쪽이 사용하지 말란 법도 없다. 억압할 수 있는 힘이 있는 자들에게는 보통 난독화 말고도 더 좋은 수단들이 이미 있다. 하지만 때로는 권력자들에게도 난독화가 유용한 경우가 있다. 러시아와 멕시코에서 있었던 선거가 바로 그런 경우였다. 경쟁 관계에 있는 집단들이 할 수 있는 선택에 어떤 것이 있는지를 알면 이런 종류의 난독화가 어떻게 적용될 수 있는지 명확히 이해할 수 있을 것이다.

　2011년 러시아 의회 선거 당시 그 과정에서 불거진 문제들을 비판하는 항의 시위가 한창이던 때, 부정 투표 등의 부정 행위에 대한 논의는 주로 라이브저널LiveJournal에서 이뤄졌다. 라이브저널은 미국에서 시작됐지만 러시아에서 가장 인기를 끈 블로그 서비스로, 전체 사용자층의 절반 이상이 러시아 사용자다.[3] 하지만 라이브저널이 꽤 인기가 있기는 했지만 페이스북이나 구글의 다양한 소셜 시스템을 이용하는 사용자에 비하면 사용자 수가 비교도 안 되게 적어서, 활동 계정이 200만 명도 채 안 되는 서비스였다.[4] 그래서 라이브저널은 해커들이 분산 서비스 거부DDoS 같은 공격으로 셧다운시키기가 비교적 쉬운 대상이었다. 분산 서비스 거부 공격은 전 세계에 흩어져 있는 컴퓨터를 이용해 한 서버에 수많은 접속 요청을 보냄으로써 서버에 과부하를 일으키고, 이를 통해 정상적인 사용자가 서비스 이용을 할 수 없도록 하는 공격이다. 모스크바에서 시위에 가담한 블로그 활동가들이 체포됨과 동시에 라이브저널에 분산 서비스 거부 공격이 이뤄진 것은 노골적인 검열이었다.[5] 그렇다면 언제, 그리고 왜 난독화가 필요해진 것일까?

그 후 러시아 시위 관련 대화는 트위터로 옮겨갔고, 시위를 방해하던 권력 기관들은 새로운 도전에 직면하게 됐다. 트위터는 방대한 사용자층을 갖고 있었고 인프라와 보안 측면에서도 그에 걸맞은 수준의 전문성을 갖추고 있었다. 즉 트위터는 라이브저널처럼 쉽게 무너뜨릴 수는 없는 상대였던 것이다. 트위터는 미국에 기반을 두고 있었기 때문에 라이브저널의 모회사에 비해 정치적 공작에 저항하는 데 훨씬 유리했다. (비록 그런 목적으로 라이브저널도 미국에 회사를 세우고 미국에서 서비스를 제공하기는 하지만, 라이브저널의 모회사인 SUP 미디어는 모스크바에 본사가 있다.[6]) 트위터를 완전히 차단하려면 정부의 직접적인 개입이 필요했다. 반면 라이브저널에 대한 사이버 공격은 어디까지나 민족주의 해커들이 독립적으로 벌인 일이었고, 푸틴-메드베데프 정부의 승인과 지원이 있었다는 건 어디까지나 추정일 뿐 누구도 확신할 수는 없었다.[7] 결국 트위터상에서의 정치적 대화를 중단시키고 싶었던 집단들은 시간은 없고 기존 방식도 쓸 수 없는 골치 아픈 상황에 봉착하게 된 것이었다. (난독화가 쓰임이 있는 상황이 바로 이런 경우며, 앞으로 난독화에 대해 좀 더 살펴보면서 자주 보게 될 것이다.) 국가 내에서 트위터를 차단한다거나 전 세계 트위터 서비스를 대상으로 분산 서비스 거부 공격을 한다거나 하는 직접적인 기술적 방법은 불가능했고, 정치적 또는 법적 차원에서의 공격을 할 수도 없었다. 그렇다면, 즉 트위터상의 대화를 원천적으로 차단하기가 어렵다면 대신 잡음으로 뒤덮는 방법을 택할 수 있었다. 막대한 양의 잡음을 만들어내는 방법을 택했던 것이다.

러시아 시위에서 사용된 난독화는 이러했다. 수천 개의 트위터 계정이 순식간에 나타나 시위 참여자들이 사용한 것과 같은 동일한 해시태그를 사용해 트윗을 올리는 방식이었다.[8] 해시태그란 트윗을 분류별로 묶어주는 기능으로, 예를 들어 트윗을 올릴 때 #obfuscation을 추가하면 #이 붙은 단어는 자동으로 검색 링크가 만들어지고 해당 링크를 클릭하면 #obfuscation이 붙은 모든 트윗을 모아서 볼 수 있다. 해시태그는 수많은 트윗 중에서 특정 주제와 관련된 대화만을 골라볼 때 유용한데, #триумфальная(시위 장소였던 '승리 광장'을 의미함) 태그는 사람들이 분노를 쏟아내고 의견을 표명하고 다음 행동을 조직하는 데 사용했던 태그중 하나였다. (트위터에서도 인기 토픽이나 중요 토픽을 결정할 때 해시태그를 참조하는데, 그러면 해시태그를 이용해 진행되는 논의는 사람들의 관심을 더 받게 되고, 트위터의 트렌딩 토픽 목록에 오르면 뉴스 보도로 다뤄지는 경우도 종종 생긴다.[9])

만약 독자가 #триумфальная를 팔로잉했다면 뉴스 기사 링크를 퍼뜨리고 계획을 세우는 러시아 활동가들의 트윗이 계속 올라오는 것을 볼 수 있었다. 그러나 그런 트윗들 사이에 어느 순간부터 러시아의 위대함을 찬양하는 트윗이나 쓸데없는 내용의 글, 횡설수설하는 글, 무의미한 글들이 섞이기 시작하더니 결국 #триумфальная 해시태그는 그런 트윗들로 도배됐다. 그리고 시위와 관련된 다른 주제에 대한 해시태그까지도 그런 잡음들 사이에 뒤섞여 주목받지 못하거나 다른 사용자와 조리 있게 대화할 수 없는 지경에 이르렀다. 이렇게 갑자기 쏟아진 엄청난 수의 트윗들을 올린 계정은 계정만 있을 뿐 거의 활동이 없던 계정들이었다. 즉 계정이 생성되고 시위가 발생하기 전까지는 거의 트윗을 올리지 않았는데 시위 발생 후부터 갑자기 한 시간에 수십 개의 트윗을 올렸던 것이다. 그 계정들이 사용하는 이름을 보면 일부는 imelixyvyq나 wyqufahij, hihexiq처럼 무의미한 이름을 사용하고 있었고 어떤 계정들은 latifah_xander처럼 하나같이 이름과 성을 밑줄로 연결한 평범해 보이는 계정 이름을 사용하고 있었다.[10]

이런 계정들은 사람인양 행세하며 자동으로 메시지를 생성하는 '트위터 봇' 계정이 틀림없었다. 그중 상당수가 같은 시기에 만들어진 계정이었다. 그렇게 엄청난 수와 빈도로 쏟아지는 트윗은 쉽게 토론을 장악할 수 있었고, 의미 없는 거짓 신호를 과다하게 만들어내는 '남용'의 난독화 기술을 통해 트위터처럼 특정 독자를 대상으로 하는 플랫폼을 효과적으로 무력화할 수 있었다.

트위터 봇은 트위터상의 토론을 효과적으로 제압하는 기법이 됐다. 말도 많고 탈도 많았던 2012년 멕시코 선거도 이 전략이 좀 더 정교하게 실행된 또 다른 예다.[11] 유력 후보였던 엔리케 페냐 니에토와 제도혁명당 PRI에 반대한 시위대는 여론을 수렴하고 조직적으로 행동을 촉구하고 각종 시위 행사를 조직하는 데 #marchaAntiEPN 해시태그를 사용했다. 시위대의 활동을 방해하려 했던 일부 집단들은 러시아 사례에서와 비슷한 어려움에 봉착했다. 그러나 봇을 수천 개가 아니라 수백 개 정도만 돌리면 될 것이라 생각됐다. 실제로 이 사례를 조사한 미국 스페인어 TV 방송국 유니비전Univision에 따르면 단 30개 정도의 봇이 사용됐다고 한다. 이들의 전략은 #marchaAntiEPN 해시태그를 홍보하지 못하도록 방해하는 동시에 그 해시태그를 남용하는 것이었다. 많은 트윗이 '#marchaAn-tiEPN #marchaAntiEPN #marchaAntiEPN #marchaAntiEPN #marchaAntiEPN #marchaAntiEPN'과 같은 식이었다. 특히 이미 봇이라고 의심되는 계정들이 이렇게 해시태그를 반복해 쓰면 트위터 내부 시스템이 이를 해시태그 시스템을 조작하려는 시도로 인식하고 해당 해시태그를 트렌딩 토픽 목록에서 삭제한다. 트렌딩 토픽에 오른 트윗은 뉴스거리가 되고 주목받기 때문에, 스패머나 광고업자들은 특정 해시태그가 눈에 띌 수 있도록 반복해 올린다. 그래서 트위터는 그런 활동을 인지하고 차단하기 위해 기술을 개발해왔다.[12]

멕시코 선거에서 사용된 트위터 봇은 의심스러운 시도가 발견되면 해당 해시태그를 트렌딩 토픽 목록에서 자동으로 삭제하는 트위터의 시스템에 걸리도록 의도적으로 의심스러운 트윗을 반복적으로 올렸고, 그럼으로써 #marchaAntiEPN이라는 해시태그가 주요 언론의 관심을 끌지 못하도록 했다. 즉 이런 트위터 봇은 해시태그의 기능을 무력화하고, 언론에서 중요하게 다뤄질 수 있는 가능성을 제거해버렸다. 이는 파괴적 행위로 쓰인 난독화의 예로서, 진짜 신호를 감추기 위해 같은 형태의 가짜 신호를 많이 만들어내는 방법이라는 점에서 레이다 채프와 기본적인 전술은 같다. 하지만 목적에는 큰 차이가 있다. 러시아 선거 사례에서는 선거 운동 기간이나 그 후의 시위대 체포 과정에서 단순한 시간 벌기의 목적으로 사용된 반면, 이 경우에는 가짜 신호를 사용해 데이터의 속성을 조작함으로써 특정 해시태그를 무용지물로, 나아가 분류 알고리즘의 측면에서 보자면 해롭기까지 한 해시태그로 만들어버렸다.

1.3 캐시클록: 위치 추적을 하지 않는 위치정보 서비스

캐시클록CacheCloak은 위치 기반 서비스LBS에 특화된 난독화 기법을 사용한 사례다.[13] 캐시클록은 펄스에코법과 모방법을 중복해서 사용한다. 펄스에코법으로는 사용자가 원하는 데이터가 추출되도록 하고, 모방법으로는 한시적으로 시간을 버는 전략으로서가 아니라 무기한 효과가 있는 방법을 찾는 것을 목적으로 한다.

위치 기반 서비스는 모바일 기기의 위치 측정 기능을 활용해 다양한 서비스를 만드는데, 소셜 서비스(특정 장소 방문 기록을 게임화한 포스퀘어)나 수익 창출 서비스(위치 기반 광고), 생활 편의 서비스(지도나 주변 상점 검색) 등이 있다. 위치 기반 서비스는 사용성과 프라이버시 사이의 균형에 관한 전형적인 논리를 관찰할 수 있는 대표적인 사례로, 즉 사용성이 종종 프라이버시를 침해하는 결과를 가져온다는 것이다. 예를 들어 친구들과 같은 네트워크에 있으면 친구가 근처에 있을 때 서로 만날 수 있다. 이 경우, 이런 위치 기반 서비스의 장점을 이용하고 싶다면 프라이버시를 일부 희생하고 서비스 제공업체가 내 위치정보를 수집하도록 허용하는 데 익숙해져야 한다. 하지만 캐시클록을 통해서라면 이러한 방식을 바꿀 수 있다.

캐시클록 개발자들은 이렇게 설명한다. "다른 도구들은 보통 사용자의 일부 경로 데이터를 없애는 식으로 사용자의 위치를 숨기려 하지만, 우리는 사용자 주변에 있는 다른 사람들의 경로로 사용자의 위치를 감싸는 방식을 쓴다."[14] 다시 말해, 모호한 데이터를 퍼뜨려서 진짜를 숨기는 방식을 사용하는 것이다. 일반적인 방식에서는 단말기가 내 위치정보를 서비스로 보내면 그 응답으로 내가 요청한 정보를 서비스로부터 받는다. 하지만 캐시클록의 방식에서는 단말기가 가능한 경로들을 예측한 후 사용자가 택할 가능성이 높은 몇 개의 경로에 대한 결과를 가져온다. 사용자가 이동하면 단말기는 위치 인식의 이점을 그대로 누릴 수 있다. 즉, 사용자가 요청할 가능성이 있는 정보를 미리 예측해 데이터를 불러온 상태에서 사용자가 무엇을 찾고 있는지 파악할 수 있다. 반면 적은 여러 가능한 경로가 너무 많아 경로의 시작과 끝이 어딘지, 사용자가 어디에서 왔는지, 어디로 가려고 하는 건지, 심지어 사용자가 누구인지조차도 판단할 수 없게 된다. 관찰자의 관점에서 보면, 사용자로서는 공개하고 싶지 않은 핵심적인 데이터가 어느 것이 진짜일지 판단할 수 없는 다른 많은 데이터 속에 묻혀 있는 것이다.

1.4 트랙미낫: 진짜와 가짜 검색어를 뒤섞다

2006년 다니엘 하우와 헬렌 니센바움, 빈센트 투비아나가 공동으로 개발한 트랙미낫은 소프트웨어를 통해 가짜 신호로 사용자의 행위를 숨기는 전략을 쓰는 대표적인 예다.[15] 트랙미낫의 목적은 검색어를 통한 사용자 프로파일링을 방지하는 것이다. 트랙미낫은 「뉴욕 타임스」 기자가 AOL이 공개한 익명화된 검색 기록으로부터도 실제 인물의 신상 정보를 추측해낼 수 있다는 놀라운 사실을 보도한 이후, 미 법무부가 구글에 검색 기록을 제출하라고 요구한 것을 계기로 개발됐다.[16]

사용자가 입력하는 검색어들을 모아보면 결국 위치, 이름, 관심사, 문제 등의 목록으로 엮인다. 사용자의 인터넷 주소를 몰라도 이런 목록으로부터 신상 정보를 추측할 수 있고, 관심사로부터 패턴을 찾아낼 수도 있다. 기업의 사회적 책무에 대한 요구에 부응하고자 검색 엔진 회사들이 검색어의 수집과 저장에 대해 우려하는 사람들을 안심시키기 위한 여러 가지 방법을 제공해왔지만, 그러면서도 한편으로는 계속 검색 기록을 수집하고 분석하고 있다.[17] 일련의 검색어 자체를 통해 특정인의 관심사와 활동이

부적절하게 노출되는 것을 막는 일은 여전히 어려운 과제다.[18]

트랙미낫이 제공하는 해법은 사용자의 검색어를 검색 엔진으로부터 감추는 것이 아니다. 이 방법의 경우 만족스런 검색 결과를 얻지 못하기 때문에 실용적이지 않다. 대신 용어 '시드 목록$^{seed\ list}$'으로부터 자동으로 검색어를 생성해 추가하는 난독화 기법을 사용한다. 최초에는 RSS 피드에서 용어를 추출하지만, 용어들이 사용하면서 계속 바뀌기 때문에 사용자마다 다른 시드 목록을 갖게 된다. 또 검색 결과로부터 새롭게 생성된 검색어로 시드 목록을 업데이트함으로써 가짜 검색어의 정확도가 지속적으로 향상된다. 트랙미낫은 진짜 사용자가 검색 엔진을 이용하는 것처럼 검색을 수행한다. 예를 들어, 사용자가 '첼시 와이파이 잘되는 카페'라고 검색하면, 자동으로 '사바나 애완동물 보관소'와 '마이애미 신선한 주스', '아시아 부동산 회사'와 '운동이 치매를 지연시킨다', '조절식 할로겐 전구'와 같은 검색도 자동으로 수행한다. 이런 많은 허수를 만들어냄으로써 개인의 검색 활동을 감출 수 있기 때문에 사용자의 패턴을 알아내는 것이 더 힘들어져서 어느 것이 진짜 사람이 한 검색이고 어느 것이 트랙미낫이 자동으로 생성한 검색어인지 분간하기가 더욱 어려워진다. 이런 식으로 트랙미낫은 난독화의 역할을 확장해, 경우에 따라 아니라고 발뺌할 수 있을 만한 구실을 만들어주기도 한다.

1.5 유출 사이트에 업로드하기: 중요한 자료를 군중 속에 숨기다

위키리크스는 사이트 방문자와 기여자의 신원을 모두 보호하기 위한 다양한 시스템을 사용했다. 그러나 사이트의 안전을 위협할 수도 있는 숨길 수 없는 흔적이 있었는데, 바로 파일 업로드였다. 만약 스누핑* 프로그램이 위

---

* 네트워크상에 떠도는 중요 정보를 몰래 획득하는 행위 – 옮긴이

키리크스에서 오고가는 트래픽을 모니터링하고 있다면, 위키리크스 보안 서버에 자료를 업로드하는 행위를 감지할 수 있다. 특히 공개된 다양한 데이터의 압축 파일 크기를 기존 정보를 바탕으로 꽤 정확하게 추정할 수 있다면, 어떤 파일이 언제 전송됐는지, 또 그 밖의 기술적, 또는 운영상의 보안 허점을 고려해 누가 전송했는지 등을 거슬러 올라가 유추해낼 수 있을 것이다. 이 문제를 해결하기 위한 구체적인 방법으로, 위키리크스는 가짜 신호를 만들어내는 스크립트를 개발했다. 이 스크립트는 방문자의 브라우저에서 실행돼 보안 서버로 자료를 전송하는 시늉을 한다.[19] 그러면 결국 스누핑 프로그램은 어마어마한 규모의 파일 업로드를 감지하게 되지만 사실 그중 대부분은 단지 사이트나 문서를 둘러보는 사람들이고, 아주 일부만이 진짜 자료 제공자들이다. 위키리크스는 데이터 마이닝이나 광고를 방해할 목적으로 특정 데이터를 따로 만들기보다는 사용자의 행위를 흉내 내서 감추는 방법을 찾았다.

그러나 암호화되고 압축된 데이터라 할지라도 관련 메타데이터가 존재하며, 오픈리크스(초기 위키리크스 시스템에 불만을 품은 사람들이 만든 사이트지만 결국 서비스에는 실패함) 제안서에서는 좀 더 개선된 방법을 제시하고 있다.[20] 위키리크스에 업로드된 자료에 대한 통계적 분석을 한 후, 오픈리크스는 리크스 사이트에 업로드할 때의 트래픽과 유사하도록 파일 크기의 비율을 유지하는 가짜 업로드 모델을 개발했다. 대부분의 파일은 크기가 1.5MB에서 2MB인데, 일부 파일의 경우 700MB를 넘기도 한다. 만일 적이 업로드 트래픽을 모니터링할 수 있다면 파일 형식이 파일의 내용만큼이나 많은 것을 알려줄 수 있으며, 가짜 신호들 가운데에서 진짜를 걸러내는 데도 유용할 수 있다. 이 사례에서 보듯, 조작이 일어날 수 있는 모든 변수를 파악하고 적이 찾고 있는 것이 무엇인지를 알아내는 것이 난독화 기법에 매우 유용하며, 그럼으로써 적이 찾고 있는 것과 똑같은 가짜 신호를 만들어낼 수 있다.

1.6 가짜 표현: 숙련된 감시원을 속이는 패턴 만들기

이 기본적인 난독화 패턴이 내부 고발자의 행위를 숨기는 것처럼 심각한 상황 말고, 포커 게임처럼 가벼운 상황에서는 또 어떻게 적용될 수 있는지 살펴보자.

포커 게임의 재미이자 도전은 다른 참가자가 상대의 콜을 유도하려고 실제 자기 패보다 약한 패를 들고 있는 척할 때, 그 표정이나 손동작, 몸짓을 읽어내는 데 있다. 상대를 파악하는 데 핵심은 그 상대가 좋은 패나 나쁜 패를 가졌을 때 무의식적으로 보이는 버릇이나 행동, 즉 '텔tell'을 읽어내는 것이다. 예를 들면 식은 땀을 흘린다거나, 걱정스레 흘깃거린다거나, 몸을 앞쪽으로 기울인다거나 하는 것 등이 텔에 해당한다. 포커 게임이라는 정보 경제에서 이 텔은 무척 중요해서 때때로 가짜 텔의 전략을 쓰기도 한다. 어떤 패턴에 속하는 것처럼 비춰질 수 있는 버릇들을 일부러 만들어 낸다는 것이다.[21] 전형적인 포커 전략에서는 이런 가짜 텔 전략을 쓰는 데 아주 신중해서, 다른 참가자가 그 텔이 속임수라는 것을 알아채고 이를 역으로 이용하지 않도록 토너먼트에서 결정적인 한 순간을 위해 아껴둔다. 시간을 두고 여러 번의 게임을 분석하면 가짜 텔과 진짜 텔을 구분할 수야 있겠지만, 큰 판돈이 걸린 게임의 제한된 시간 안에서는 이런 속임수가 상당히 효과적일 수 있다. 시각적 커뮤니케이션이 이뤄지는 다른 많은 스포츠에서도 이런 비슷한 기술이 사용된다. 한 예가 야구에서의 사인으로, 한 코치는 기자와의 인터뷰에서 '어떨 때는 사실 아무 의미도 없는 사인을 주기도 한다.'라고 말했다.[22]

1.7 집단 신분: 여러 명이 한 개의 이름 사용하기

가장 단순하고 기억에 오래 남으면서 '집단'에 의한 난독화를 볼 수 있는 사례로 영화 ≪스파르타쿠스≫의 한 장면을 들 수 있다. 로마 병사가 반란을 일으킨 노예들에게 우두머리가 누구냐고 묻는 상황이며, 우두머리는 십자가형을 당할 처지였다.[23] 커크 더글라스가 분한 스파르타쿠스가 자백을 하려는 순간, 주변에 있던 다른 노예들이 차례차례 한 명도 빠짐없이 나서서 "내가 스파르타쿠스다!"라고 외치는 장면이 있다.

집단을 보호하려고 여러 명이 같은 사람인 척하는 것은 이제는 너무 진부한 방법이 아닐까 생각할 수도 있다. 일례로 1830년의 영국 농민 봉기 당시 캡틴 스윙이나 디킨스의 소설 『두 도시 이야기』에서 급진파가 사용한 아주 흔한 이름인 자크, 그래픽 소설인 『브이 포 벤데타』에 나오며 현재는 핵티비스트 그룹으로 알려진 어나니머스와 관련돼 있는 가이 포크스 가면 같은 것이다.[24] 마르코 데세리스는 개인적 책임감은 소멸하고 행동은 확산되는 가운데 집단적 정체성과 '부적절한 이름'이 사용되는 현상을 연구해 왔다.[25] 난독화에는 개인이 혼자서도 할 수 있는 형태의 난독화도 있고, 또 집단이나 팀, 공동체나 연합으로 할 수 있는 형태의 난독화도 있다.

1.8 동일 외양의 공범 전략: 여러 명이 같은 옷 입기

진짜 중요한 신호를 감추기 위해 여러 명이 집단을 이뤄 허수가 아닌 진짜 신호이되 잘못된 정보를 전달하는 신호를 만들어내는 난독화의 예는 상당히 많다. 대중 문화에서 찾아볼 수 있는 인상적인 예로는 ≪토마스 크라운 어페어≫ 1999년 리메이크작의 한 장면을 들 수 있다. 마그리트의 그림 속 인물이 입은 옷을 본딴 옷을 입은 주인공이 있던 미술관에 사전에 치밀하게 계획된 대로 그와 똑같은 옷차림을 한 사람들이 갑자기 나타나 미술관을 돌아다니면서 같은 모양의 서류 가방을 서로 맞바꾸는 장면이다.[26] 은행 강도 사건을 다룬 2006년 영화 ≪인사이드 맨≫에서는 머리부터 발끝까지 페인트공으로 꾸민 강도들이 인질들에게 모두 똑같은 복장을 입히는 설정이 등장한다.[27] 마지막으로 알프레드 히치콕 감독의 1959년 영화 ≪북북서로 진로를 돌려라≫의 주인공인 로저 손힐을 떠올려보자. 그는 자신이 탄 기차가 시카고에 도착했을 때 경찰을 피하기 위해 짐꾼을 매수해 작업복을 빌려 짐꾼으로 위장한다. 역에서 일하는 수많은 짐꾼들 속에서 경찰이 자신을 찾아내기가 힘들 것이라는 사실을 알았기 때문이다.[28]

난독화의 한 방식으로서 '동일 사물' 기법은 가상의 이야기 속에서도, 현실에서도 워낙 흔하게 등장하며 충분히 많이 알려져 있다. 고대 로마의 앙킬레가 대표적 예다. 전설에 따르면, 앙킬레라 불리는 이 방패는 로마의 제2대 왕 누마 폼필리우스 통치 시대에 하늘에서 떨어졌다. 방패는 신의 호의를 상징하는 것이자 성스런 유물로서, 방패를 소유하는 한 로마 제국은 지속될 것이라는 의미로 해석됐다.[29] 이 방패는 똑같은 11개의 복제품과 함께 군신 마르스의 신전에 걸려 있었는데, 이는 도난을 막기 위해서였다. 셜록 홈즈 이야기 중 하나인 '여섯 개의 나폴레옹 석고 흉상'에도 하나의 예가 등장한다. 소설 속 범인은 흑진주를 아직 굳지 않은 석고상 속에 감추는데, 이 석고상과 똑같은 것이 다섯 개가 더 있었을 뿐더러, 값싼 흰색 나폴레옹 흉상 자체도 워낙 흔했기 때문에 뭔가를 감추기에는 더할 나위 없이 좋았다.[30]

현실에서의 예를 찾는다면 이른바 '크레이그리스트 강도 사건'을 들 수 있다. 2008년 9월 30일 화요일 오전 11시, 해충 박멸 업체 작업복(푸른 셔츠 상의, 고글 안경, 방진 마스크)을 입은 한 사람이 스프레이 펌프를 가지고 미 워싱턴주 먼로시의 한 은행 앞에 주차된 현금 수송 차량에 다가와 경비원을 페퍼 스프레이로 쓰러뜨린 뒤 현금을 들고 달아난 사건이 발생했다.[31] 경찰이 도착해보니 푸른 셔츠 상의에 고글 안경과 방진 마스크를 갖춘 작업복을 입은 사람이 13명이나 돌아다니고 있었는데, 이들은 이 은행에서 11시 15분에 시작하는 보수가 두둑한 정비 작업이 있으니 지시대로 복장을 갖추고 오라는 내용의 크레이그리스트 광고를 보고 온 사람들이었다. 경찰이 이 일용직 지원자들을 모두 조사해서 그들 중 누구도 강도가 아니라는 사실을 알아내는 데는 불과 몇 분밖에 걸리지 않았지만, 강도가 현장을 벗어나기에는 충분한 시간이었다.

한편 정확히 말하면 사실은 아니지만 자주 인용되는 미담도 있다. 2차 세계 대전 당시 덴마크를 점령한 독일이 유태인을 구별하려고 달게 했던 노란 별 표식을 덴마크 국왕과 많은 덴마크인들도 달고 다녀 유태인의 추방을 막았다는 이야기다. 전쟁 중 덴마크인들이 다양한 노력을 통해 유태인들을 보호한 것은 사실이지만, 당시 덴마크를 점령했던 나치는 그들의 반독일 정서가 커질 것을 우려해 노란 별 표식은 사용하지 않았다. 하지만 유태인이 아닌 사람들이 나치의 반유태주의에 대항하는 의미로 노란 별을 달았다는 기록은 벨기에, 프랑스, 네덜란드, 폴란드, 심지어 독일에서도 찾아볼 수 있다.[32] 유태인이 아닌 사람이 유태인을 보호하기 위해 노란 별 표식을 달았다는 미담은 협력적 난독화의 전형적인 예라고 할 수 있다.[33]

1.9 과잉 문서화: 분석 효율성 떨어뜨리기

진짜 신호는 맞지만 잘못된 정보를 담은 신호를 추가하는 방식의 난독화의 한 형태로 이번에는 난독화 기법으로서의 과잉 문서화를 알아보자. 소송에서 자료의 과잉 제출이 이와 비슷하다. 과잉 문서화는 프랑스 혁명 당시의 공포 정치 시절에 공안위원회 내 경찰국장이었던 오귀스탱 르쇠의 전략이었다. 르죈과 그의 부하들은 체포, 구금, 처형의 토대가 되는 보고서를 작성했었다. 나중에 르죈은 공포 정치 당시 자신이 한 역할을 변명하기 위해 자신의 부서에서 만든 보고서가 정확하고 지나칠 정도로 꼼꼼하게 작성된 것이 다분히 의도된 것이었다고 주장했다. 그는 부하들에게 자료를 필요 이상으로 많이 만들어내고 '깨알같이 사소한 내용'까지 보고하라고 지시했는데, 반란 세력을 드러내지 않으면서 위원회에 제출할 정보활동 자료의 생산을 지연시키기 위한 목적이었다는 것이다. 르죈이 말한 보고서의 개수가 믿을 만하지 않기 때문에 그의 주장이 전부 맞다고 확신하기는 힘들지만, 벤 카프카가 지적하듯 르죈은 자료의 과잉 생산을 통해 행정 절차상 지연을 야기하는 전략을 짜내 활용한 것이었다. "뒤늦게나마 그는 각종 문서와 세부 사항을 많이 퍼뜨리는 것이 상부의 지시에 복종하는 것뿐만 아니라 저항의 기회가 될 수 있다는 점을 인식했던 것으로 보인다."[34] '아니오'라고 거절할 수 없는 상황이라면, 별 도움이 안 되는 '예'를 남발하는 방법도 있다는 것이다. 예를 들어, 어떤 자료 요청에 대해 회신해야 할 경우라면 파일이 담긴 폴더 하나만 보내는 게 아니라 관련이 있을 법한 문서들을 다 모아서 한 트럭 분량만큼의 문서 상자들을 실어 보낼 수 있다.

1.10 SIM 카드 뒤섞기: 모바일 타기팅 막기

최근의 보도와 에드워드 스노든의 폭로를 통해 드러났듯 미 국가안보국의 분석가들은 신호와 정보원의 정보, 좀 더 구체적으로는 휴대폰의 메타데이터와 위치 데이터를 조합해 제거할 목표물을 색출하고 추적한다.[35] 걸려온 전화번호와 통화 시각 같은 메타데이터를 이용하면 대상자의 사회적 관계망을 재구성할 수 있고 이를 통해 어떤 전화번호가 관심 인물의 것인지 알아낼 수 있다. 휴대폰의 위치정보를 통해 정확도의 차이는 있겠지만 그 전화번호의 발신자가 있는 장소를 특정할 수 있고 그러면 드론으로 추적할 수 있다. 즉 이 시스템을 이용하면, 인물을 대면으로 직접 확인하지 않고도 식별에서부터 위치 추적, 암살까지 전부 진행할 수 있다. 드론을 조종하는 자가 목표물을 육안으로 볼 수 있을 만큼 가장 가까이 다가갈 수 있는 거리는 건물 외벽이나 차에 타는 실루엣 정도일 수 있다. 물론 NSA의 휴대폰 메타데이터 프로그램과 드론 공격의 형편없는 전력을 고려하면 정확성에 대한 심각한 우려도 있기는 하다. 지속적으로 안전하고 강건한 국가 안보에 대한 위협을 우려하는 사람이든, 부당한 처우를 받는 무고한 시민의 삶에 대해 걱정하는 사람이든, 이런 전략이 잠재적으로 문제점이 있다는 것은 쉽게 알 수 있다.

하지만 상황을 뒤집어서 공격 목표물의 관점에서 좀 더 추상적으로 생각해보자. NSA의 감시 대상들은 대부분 추적 장치를 늘 몸에 지니거나 곁에 두어야 하며, 사실상 그들이 접촉하는 모든 사람도 마찬가지다. 테러 조직의 극소수 핵심 간부만 그런 신호 장치를 지니지 않아도 된다. 이들이 조직 활동을 위해 하는 전화 통화나 대화도 신원을 확인할 수 있는 수단이 된다. 조직 활동을 가능하게 하는 구조가 동시에 조직원을 위험에 빠뜨리는 것이다. 이들을 뒤쫓는 적은 상공 어딘가에 있는 목표물을 대공포로 격추하겠다고 애쓰는 대신, 제공권을 완전히 장악하고 차량이나 길모퉁이, 집에 미사일을 쏠 수 있다. 하지만 적의 시스템에도 서로 밀접하게 연관된 단점이 분명히 있다. 이 시스템은 범위나 능력에서는 뛰어날지 몰라도 결국 SIM 카드와 휴대폰을 물리적으로 소유하는 것에 의존하기 때문에 활용할 수 있는 대역폭이 좁은 방식이라는 점에서 한계가 있다. 전직 미 연합특수작전사 드론 조종병은 따라서 목표물이 진짜 신호를 뒤섞어 교란하는 방법을 쓴다고 보고한 바 있다. 어떤 이들은 자기 명의의 SIM 카드를 여러 사람과 돌려 쓰기도 하는데, 이때 SIM 카드는 임의로 교환한다. 한 가지 방법은 모임을 열어서 모든 참가자의 SIM 카드를 가방 하나에 전부 넣은 다음 한 사람씩 무작위로 가방에서 카드를 꺼내는 식으로 나눠 갖는 것이다. 이렇게 하면 누가 어느 기기를 사용하는지 확실히 알 수 없게 된다. 다만 시간적 한계는 있다. 메타데이터 분석이 정교하게 이뤄진다면 결국은 과거의 통화 패턴을 기초로 다시 개인을 식별할 수 있기 때문이다. 하지만 비정기적으로 카드를 바꿔치기하면 분석 작업은 더 어려워진다. SIM 카드 바꿔치기는 의도하지 않게 발생하기도 하는데, 자신이 추적되고 있다는 것을 모르는 사람이 친구나 친척에게 휴대폰을 팔거나 빌려주는 경우다. 아무리 기술적 정확도가 뛰어난 시스템이라 하더라도, 위험 인물을 제거하는 데 성공했는지, 혹은 무고한 민간인이 사망하지는 않았는지의 관점에서 정작 실제 성공률은 터무니없이 낮은 결과가 발생하기도 한다. 이를 감안하면 심지어 꽤 정확한 위치 추적과 소셜 그래프 분석을 피할 수 없는 경우에도 거짓 신호를 만들어내는 방식보다는 진짜 신호들을 서로 뒤섞는 난독화 방식이 더 효과적인 방어와 통제의 수단이 될 수 있다.

1.11 토르 릴레이: 타인의 트래픽 감추기

토르Tor는 많은 독립적인 '노드'를 통해 암호화된 메시지를 전달하는 방법으로 익명성이 보호되는 인터넷 사용을 촉진하고자 개발된 시스템이다. 하이브리드 방식의 난독화 전략으로서 토르를 데이터를 감추기 위한 좀 더 강력한 다른 메커니즘과 결합해 사용할 수 있다. 그렇게 진짜 활동을 암호화해 뒤섞고 교차 배치하는 방법을 결합함으로써 이런 전략으로도 난독화의 효과를 얻게 되는 것이다. 예를 들어 어떤 쪽지가 많은 군중을 거쳐 비밀리에 당신에게 전달된다고 가정해보자. 쪽지에는 정체를 짐작할 수 있는 내용이 전혀 없는, 어떤 질문이 적혀 있다. 당신이 아는 바로는 그 쪽지를 직전까지 들고 있던 사람, 즉 당신에게 건넨 사람이 바로 그 질문을 쓴 사람이다. 당신이 답장을 써서 다시 건네주면 쪽지는 다시 군중 속으로 사라지고, 누구를 통해 전달됐는지는 알 수 없다. 그러면 군중 속 어딘가에 있는 쪽지를 쓴 사람이 답변을 받게 된다. 결국 어느 누구도 쪽지를 쓴 사람이 누군지 정확히 알 수 없다.

만약 당신이 토르 시스템을 통해 웹 페이지를 요청하는 경우, 그 요청은 당신의 IP 주소가 아닌 토르 시스템의 '출구 노드'의 IP 주소에서 나온 것이 된다. 쪽지의 비유로 설명하자면, 쪽지를 당신에게 건네준 그 마지막 사람에 해당한다. 당신의 요청과 함께 다른 많은 사용자들의 요청도 마찬가지로 이 출구 노드를 거치게 되며, 데이터는 토르 시스템에 진입해 미로같이 얽힌 릴레이를 통해 전달된다. 릴레이란 타인의 토르 트래픽을 처리해주기 위한 목적으로 자신의 대역폭을 제공하는 토르 네트워크상의 컴퓨터들로, 위의 비유에서는 군중 속에서 당신의 메시지를 차례차례 전달해주는 사람들에 해당한다. 이 경우 릴레이 컴퓨터는 메시지의 내용은 보지 않고 전달한다. 릴레이가 많을수록 시스템의 전체 속도도 빨라진다. 이미 트래픽 보호를 위해 토르를 사용하고 있다면, 공공의 이익을 위해 자신의 컴퓨터가 릴레이 역할을 하도록 할 수 있다. 더 많은 사람이 토르 네트워크를 활용할수록 토르 네트워크와 각 개인의 난독화 행위 모두 향상될 수 있다.

토르 설계자들이 지적하듯 난독화는 토르의 강력한 방어력을 더욱 공고히 다지는 역할을 한다. 토르 릴레이 기능을 활성화하면 어떤 공격에 대해서는 익명성을 더 높일 수 있다. 가장 간단한 예는 토르 릴레이가 몇 개 있는 사람이 네트워크에 침입하려 하는 경우다. 침입자는 당신과 토르 네트워크로 연결됐다는 사실은 알지만, 그 연결 요청이 당신으로부터 시작한 것인지, 아니면 누군가 다른 사람이 요청한 것을 당신이 단순히 릴레이만 한 것인지를 알 수 없다.[36] 만약 누군가가 감시의 목적으로 토르 릴레이를 운영하고 있다고 해보자. 이를 비유하면 군중 사이에 감시자를 심어놓았다고 할 수 있는데, 이 감시자는 군중이 전달하는 메시지를 읽을 수는 없지만 누가 메시지를 전달하는지는 알 수 있다. 만약 당신이 릴레이 기능을 켜놓지 않은 채 토르 네트워크를 이용한다면, 감시자들은 당신에게 받은 메시지를 쓴 사람이 당신이라는 것을 알 수 있다. 하지만 릴레이 기능을 켜놓고 있다면, 그 메시지는 당신이 작성한 것일 수도 있고 당신의 릴레이 컴퓨터를 통해 전달되는 수많은 다른 사람의 메시지 중 하나일 수도 있다. 그 메시지를 당신이 시작한 것인지 아닌지 알 수 없다는 뜻이다. 이렇게 되면 정보는 모호해지고, 당신이 작성한 메시지는 수많은 다른 사람의 메시지 속에 섞여버리기 때문에 안전하다.

요약하면, 이 기술은 특정 데이터 트랜잭션을 모호하게 만들어 감추고 트래픽의 양을 이용해 트래픽 분석을 방해하는 데 훨씬 더 정교하고 효과적인 방법이다. 여러 사람의 SIM 카드를 한 가방에 넣고 섞는 방법은 바꿔치기를 조율하는 과정에서 많은 문제가 발생하지만, 이 방법은 진짜 신호를 단순히 섞기만 하는 것이 아니라 각 메시지가 목적지에 도달하도록 해준다. 또 그 과정에서 각 메시지는 다른 메시지의 출처를 불분명하게 만드는 역할을 할 수 있다.

1.12 배블 테이프: 말로 말 감추기

FBI의 추적을 받는 조직폭력배들이 욕실에 물을 틀어두거나 팬이 돌아가는 소리가 나도록 환풍기를 켜서 방 안에 도청 장치가 있거나 몸에 도청 장치를 숨긴 사람이 함께 있더라도 대화를 엿듣기 힘들게 하는 것은 전형적인 수법 중 하나다. 현재는 좀 더 직접적으로 난독화를 활용해 도청을 막을 수 있는 정교하고 훨씬 더 효과적인 기법들이 많이 등장했다. 그중 하나가 이른바 배블 테이프babble tape를 이용한 것이다.[37] 역설적이게도 배블 테이프는 실제로 조직폭력배들보다는 도청으로 인한 비밀 유지 특권의 침해를 우려하는 변호사들이 더 많이 사용해왔다.

배블 테이프는 대화 중에 배경음으로 틀어놓는 디지털 파일이다. 파일의 구성은 좀 복잡하다. 32개의 영어 트랙과 여덟 개의 그 외 언어 트랙으로 구성된 40개의 음성 트랙이 동시에 실행되는데, 각 트랙은 시간-주파수를 압축해 전체 대역의 주파수를 채우는 '목소리들'을 만들어낸다. 게다가 사람의 소리가 아닌 기계음도 다양하게 포함돼 있고, 성인은 들을 수 없는 초음파도 주기적으로 들어간다. 이는 도청 장치의 오디오 신호 감지 설정을 자동으로 최적화하는 자동 이득 제어AGC를 방해하도록 만든 것이다. 변호사가 배블 테이브를 이용하는 경우라면 의뢰인과 해당 변호사의 목소리를 담는 것이 가장 적절한 방법이다. 목소리를 여러 겹으로 촘촘하게 섞을수록 그중에서 한 사람의 목소리를 구별하기는 점점 더 어렵게 된다.

1.13 불라 작전: 아파르트헤이트 철폐 운동에서 활용된 난독화

아파르트헤이트 철폐 운동 당시 남아프리카공화국에 투옥 중이던 넬슨 만델라를 빼내려 시도한 한 단체가 복잡한 상황 속에서 난독화 전략을 사용한 사례를 자세히 서술하면서 1장을 마무리하고자 한다. 불라Vula 작전은 '불린들레라Vul'indlela'의 줄임말로서 '길을 열다.'라는 뜻으로, 만델라와 연락이 닿았던 남아프리카공화국 내의 아프리카 민족회의African National Congress 수뇌부가 ANC 요원, 뜻을 같이하던 이들, 군 장성들과 힘을 합쳐 조직화해 기획한 작전이다.

사실 ANC가 그 직전에 실시했던 비슷한 규모의 프로젝트는 1960년대 초 처참한 실패로 끝이 났었다. 그 결과 만델라와 사실상 ANC 수뇌부 전체가 체포됐고, 압수된 릴리스리프 농장 관련 문서는 법정에서 그들에게 불리하게 사용됐다. 이런 까닭에 불라 작전은 보안과 개인정보 보호 측면에서 한 치의 빈틈도 허용될 수 없었다. 실제로 1990년대에 작전의 모든 내용이 전부 공개됐을 때, 그 내용은 남아프리카공화국 정부와 전 세계 정보 기관뿐만 아니라 ANC 내부의 많은 주요 지도층에게도 충격적이었다. 신장 이식을 받았거나 오토바이 사고를 당해서 회복 중인 줄로만 알았던 사람들이 사실은 신분을 세탁해 지하 세계로 숨어들었다가 남아프리카공화국으로 돌아와 만델라 석방을 위한 '길을 여는' 활동을 한 것으로 드러난 것이다. 남아프리카공화국 안팎에서 이뤄진 감시와 ANC의 커뮤니케이션 채널의 보안 침해 가능성, 전 세계의 정보 요원 및 사법 당국의 관심을 감안하면, 불라 작전은 정보를 공유하고 관리하기 위한 안전한 방법이 필요했던 것이다.

불라 작전의 이런 놀라운 이야기는 핵심 설계자 중 하나였던 팀 젠킨이 ANC의 「마이뷰예Mayibuye」 저널을 통해 이야기함으로써 알려졌다.[38] 이는 작전의 보안과 첩보 기술, 그리고 보안 네트워크 관리를 보여주는 탁월한 사례라 할 수 있다.

난독화가 언제, 어떻게 불라 작전에 도입됐는지 이해하려면 설계자들이 직면한 어려움을 이해해야만 한다. 남아프리카공화국 내의 유선 전화는 주소와 이름을 모두 알 수 있기 때문에 사용할 수 없었다. 조금이라도 방심했다가는 도청당할 수 있고 오늘날은 메타데이터 분석이라 부르는 분석을 통해 국내외 전화 기록으로부터 활동가 네트워크를 파악할 수도 있었다. 불라 요원들은 여러 개의 암호화 시스템을 가지고 있었지만 어렵고 지루한 수작업으로 이뤄졌기 때문에 진행이 더뎠다. 그래서 늘 '다시 전화로 작은 목소리로 통화'하는 방식으로 되돌아가고 싶은 유혹이 있었다. 특히 위기 상황이 벌어지고 일이 긴박하게 돌아가는 경우에는 더했다. 불라 작전은 요원들이 이곳저곳을 돌아다니며 작전을 펼치기 때문에 루사카, 런던, 암스테르담 등 전 세계 곳곳과 남아프리카공화국(주로 더반과 요하네스버그) 사이를 빈틈없이 매끄럽게 조율하는 과정이 필수적이었다. 우편 서비스는 느릴 뿐 아니라 보안에 취약했고, 암호화는 시간이 많이 걸리는데다 그마저도 완벽하게 되지 않는 경우도 많았고, 집 전화 사용은 금지돼 있었다. 전 세계의 서로 다른 시간대에 있는 사람들을 조율하는 것은 불가능해 보였다.

그런데 젠킨은 암호화를 더 빠르고 효율적으로 할 수 있는 가능성을 개인용 컴퓨터에서 확인했다. 프레토리아 중앙 형무소를 탈옥한 후 런던에 머물면서 젠킨은 1980년 중반 불라 작전에 필요한 통신 시스템 개발에 몰두했고, 이렇게 만든 시스템은 이후 결국 놀라운 네트워크로 성장하게 된다. 먼저 암호화가 개인용 컴퓨터에서 이뤄지고 그렇게 암호화된 메시지는 즉시 휴대용 카세트에 빠르게 이어지는 일련의 소리로 녹음된다. ANC 요원이 공중전화로 가서 런던에 전화를 걸면, 젠킨이 사전에 최대 5분까지 녹음할 수 있게 해놓은 자동 응답기가 전화를 받는다. 요원이 수화기에 대고 카세트를 틀면 카세트의 반대편에 녹음된 소리가 컴퓨터의 어쿠스틱 모뎀을 거쳐 재생되고 컴퓨터가 암호를 푼다. ('발신용' 자동 응답기도 있었다. 원격지에 있는 요원이 공중전화로 전화를 걸어 보내오는 소리를 녹음한 후, 젠킨이 고안한 암호화 프로그램이 설치된 컴퓨터만 있으면 녹음 파일에 담긴 메시지를 해독할 수 있었다.)

이것만으로도 정말 인상적인 네트워크였는데, 특히 시스템의 디지털적인 요소 대부분을 거의 무에서부터 창조하다시피 해야 했기 때문이다. 주변 소음이 많은 공중전화에서 걸려온 국제 전화의 메시지를 실행할 때 나오는 잡음을 처리하기 위한 오류 처리 프로그램도 포함돼 있었다. 하지만 불라 작전이 꾸준히 성장하고 조직원의 규모도 확장되면서, 늘어난 트래픽의 양을 더 이상 네트워크가 감당할 수 없는 수준에 이르게 됐다. 조직원들은 남아프리카공화국에서 드디어 작전을 실행에 옮기기 위해 준비 중이었고, 신용카드가 되는 공중전화(동전 떨어지는 소리가 신호를 방해할 수 있기 때문이었다.)를 찾아 카세트 테이프 플레이어를 들고 서 있을 만한 여유가 별로 없었다. 젠킨과 그의 동료들은 쉴 새 없이 쏟아지는 메시지를 녹음하기 위해 밤새도록 응답기 옆에서 테이프를 교체해야 했다. 암호화된 이메일 방식으로 바꿀 때가 되긴 했지만, 어쨌든 이 시스템 전체가 남아프리카공화국 내에서 파악 가능한 전화번호의 사용을 피하기 위해 만들어진 것이었다.

불라 작전을 수행하려면 정부의 의심을 사지 않고 남아프리카공화국과 루카사, 런던 사이에 암호화된 메시지를 컴퓨터를 이용해 주고받을 수 있어야만 했다. 이런 기능이 가능한 네트워크가 점차 모양새를 갖춰가던 1980년대에, 다른 한편으로는 국제 관계의 환경에 큰 변화가 일면서 이런 식의 속임수를 감출 수 있는 상황이 조성됐다. 젠킨이 지적하듯 문제는 '매일같이 국외로 나가는 수천 건의 메시지 중 어느 것이 '수상한' 메시지인지 판단할 만한 능력이 적게 있는가.'였다. 밀려드는 수많은 메일 속에서 암호화된 메시지가 관심을 피할 수 있는지 알아내려면 암호화된 메일을 발송하는 평범한 사용자, 즉 정치 단체에 전혀 가입돼 있지 않은 사용자가 필요했다. 젠킨이 나중에 회상한 바에 따르면, 이들은 일상적으로 컴퓨터로 해외와 연락을 주고받는 사람을 찾아 커뮤니케이션을 처리하도록 해야 했다.

다행히 이 새로운 방식으로 전환하기 전에 이 시스템을 시험해볼 수 있는 요원이 있었다. 남아프리카공화국 태생으로 수년간 영국 통신 회사에서 프로그래머로 일하다가 이제 고국으로 돌아오려는 참인 사람이었다. 이 요원은 매일 많은 이메일을 발송하는 보통의 전형적인 시민처럼 행동했는데, 사설 서버보다는 상용 이메일 서비스의 이메일을 썼고 많은 회사들이 커뮤니케이션에 암호화를 사용한다는 사실도 감안해 그대로 따랐다. 젠킨은 '그것이 그런 일을 하는 사람으로서 할 법한 지극히 정상적인 방식'이었다고 술회했다. 시스템은 효과적이었다. 요원이 발송하는 메시지는 평범한 트래픽 속에 묻혀 발송될 수 있었고, 공공연한 비밀 커뮤니케이션을 위한 플랫폼으로서의 역할을 함으로써 메시지가 빠르게 확산될 수 있었다.

팀 젠킨과 ANC 기술위원회의 또 다른 중요 구성원인 로니 프레스는 컴퓨터 컨설턴트로 가장함으로써 새로운 기기와 저장 기술 관련 동향을 발빠르게 파악해 필요한 곳에 최신 기기를 구입해 배급할 수 있었다. 상용 이메일 서비스와 개인용 컴퓨터 및 초소형 컴퓨터에서 구동되는 게시판 서비스를 함께 사용함으로써, 이들은 메시지를 남아프리카공화국 내와 전 세계에 모두 보낼 수 있었고, 배포용으로 정식으로 형식을 갖춘 ANC 자료도 준비할 수 있었다. 시스템을 통해 심지어 만델라의 메시지가 전달되기도 했는데, 책 속 비밀 공간에 메시지를 숨겨 이를 그의 담당 변호사가 빼냈고 그렇게 받은 메시지를 시스템에 입력했다. 특별할 것 없는 비즈니스 주소를 가진 평범한 사용자의 평범한 행동이 중요한 정보 채널이 됐고, 그렇게 대용량의 암호화된 데이터를 런던에서 루카사로, 다시 남아프리카공화국으로 보내고, 마침내 남아프리카공화국 내의 불라 조직원 사이에 전달할 수 있었다. 이 시스템이 성공을 거둘 수 있었던 건 개인용 컴퓨터와 보안 메일을 포함한 이메일이 기관의 의심을 사지 않을 정도로 보편적이 되기는 했지만 그렇다고 오늘날의 정부들처럼 광범위한 최신 디지털 감시

체계를 갖출 필요를 느끼게 할 정도로 보편적이지 않았다는 시대적 환경이 맞아 떨어진 덕분이기도 했다.

불라 네트워크는 궁극적인 단계에서는 디지털 메시지의 보안을 무턱대고 신뢰하지 않았다. 불라 네트워크는 모든 것을 많은 새로운 기술을 도입한 복잡한 암호 시스템으로 보호했고 사용자들에게 암호 키를 변경하고 적절한 작전 보안을 실천하도록 당부했다. 이 사례는 이미 존재하는 여러 상황 중 적절한 상황을 찾아 그 안에 스며드는 것, 즉 일상의 활기찬 상거래와 군중 속에 숨어드는 방법의 장점을 잘 보여준다.

2

다른 사례들

2.1 둥근 물체를 만드는 거미: 난독화 동물들

어떤 동물이나 식물은 자신을 감추거나 눈속임으로 위장하는 기술을 활용한다. 곤충들은 나뭇잎이나 잔가지 모양을 흉내 낸다. 토끼는 배 쪽은 하얗게, 등 쪽은 어둡게 털 색깔을 바꾸는 카운터셰이딩countershading을 통해 매가 쉽게 발견하지 못하도록 은폐한다. 나비 날개의 반점은 포식자의 눈처럼 보이게 위장하기 위한 것이다.

동물 세계에서 난독화에 단연 뛰어난 동물은 시클로사 멀메이넨시스 Cyclosa mulmeinensis라고 하는 둥근 물체를 만드는 거미다.[1] 먹이를 잡으려면 거미줄이 노출돼야만 하는데, 그럴 경우 포식자인 말벌로부터 공격당할 위험이 크다는 문제가 생긴다. 이 경우 난독화가 적절한 해결책이 될 수 있다. 즉 먹고 남은 찌꺼기, 나뭇잎 부스러기, 거미줄을 이용해 자신과 크기, 색깔, 반사도까지 똑같이 닮은 모형을 만들어 이를 거미줄 주변에 놓는 것이다. 이렇게 함으로써 말벌의 공격이 성공할 확률도 낮추고 공격을 받더라도 도망갈 시간을 벌 수 있다.

2.2 거짓 주문: 난독화를 이용해 경쟁 업체 공격하기

채널에 잡음을 일으켜 교란하는 난독화는 중요 트래픽을 감추는 데뿐만 아니라 채널 이용 비용을 증가시켜 결과적으로 비즈니스 비용을 증가시키는 데도 사용될 수 있다. 택시 사업의 대체 서비스로 등장한 우버[Uber]가 이런 방식을 실현한 사례다.

택시나 차량 서비스와 유사한 서비스를 제공하는 시장이 급속히 성장함에 따라 고객뿐만 아니라 운전 기사를 확보하려는 경쟁도 치열하다. 우버는 경쟁 서비스에서 운전 기사를 데려오기 위해 보너스를 제공해왔으며 단지 본사를 방문하기만 해도 사례했다. 뉴욕에서는 경쟁사인 게트[Gett]의 기사를 끌어오기 위해 난독화 방식을 사용해 기사를 확보하는 매우 공격적인 전략을 추진했다.[2] 며칠에 걸쳐 여러 명의 우버 직원이 게트에 탑승 주문을 한 다음, 요청한 차량이 도착하기 직전에 취소하는 식이었다. 이런 식의 수많은 허위 탑승 주문 때문에 게트 기사들은 요금도 받지 못한 채 계속 이동해야 했을 뿐만 아니라 그 때문에 정작 진짜 탑승 주문은 받지 못하는 경우가 허다했다. 그런데 이렇게 게트 소속 기사들이 허위 탑승 주문을 받은 직후나 심지어 여러 건을 연달아 받은 직후에, 우버로 옮기면 사례금을 제공할 것이라는 문자를 받는다. 우버의 허위 탑승 요청 때문에 진짜 탑승 요청을 제대로 가려내지 못하게 됐고, 결국 기사 입장에서는 게트 소속으로 일할 가치가 줄어들게 된 것이다. 승차 공유 서비스를 제공하는 리프트[Lyft] 사도 자사의 기사들에 대해 우버가 유사한 허위 주문을 했다고 의혹을 제기했다.

2.3 프랑스의 가짜 과속 측정기 설치: 과속 측정기 감지 장치 무력화하기

프랑스 정부는 과속 측정기 감지 장치를 막는 데 난독화를 사용한다.[3] 과속 측정기 감지 장치는 일반에서 꽤 흔히 사용되는 장치로, 근처에 과속 측정기가 있으면 운전자에게 알려준다. 어떤 감지 장치는 과속 측정기와의 상대 거리까지 알려줘 속도 위반 티켓을 피하는 데 매우 효과적이다.

이론적으로 속도 위반 티켓은 과속과 위험 운전을 예방하기 위해 도입됐지만, 다른 관점으로 보면 과속 범칙금이 지방 정부 및 경찰 당국의 수입원이 된다는 점에서 현실적으로 중요하다. 이 두 가지 이유로 경찰은 과속 측정기 감지 장치를 어떻게든 막고 싶어 한다.

600만 명의 프랑스 운전자가 감지 장치를 보유한 것으로 추산되는 점을 고려하면 과속 측정기 감지 장치를 규제하거나 금지하는 조치는 비현실적이다. 그 많은 일반 시민을 범죄자로 만든다는 건 현명하지 못한 선택일 것이다. 과속 측정기 감지 장치를 막을 힘이 없었던 프랑스 정부는 대신 교통 혼잡 지역에서는 감지 장치가 별 소용이 없게 만드는 난독화 기법을 도입했다. 실제로 속도를 측정하지 않지만 감지 장치가 과속 측정기로 오인해 경고 신호를 내도록 만드는 기기들을 설치한 것이다. 이렇게 하면 감지 장치의 경고음이 계속 울리게 된다는 점에서 앞서 예로 든 채프 전략과 유사한 방식이라고 할 수 있다. 수많은 경고음 중 하나는 정말 과속 측정기일 수도 있겠지만 어느 것인지 운전자가 어떻게 알겠는가? 즉 진짜 신호가 수많은 그럴듯해 보이는 거짓 신호 속에 묻혀버리게 된다. 결국 운전자는 신호를 모두 무시하고 속도 위반 딱지를 떼이거나 경고음이 울릴 때마다 속도를 낮추던가 해야 한다. 이렇게 해서 공공의 목표는 달성된다. 경찰의 과속 단속이나 과속하는 운전자에 대한 생각은 사람마다 다를 수 있겠지만, 적의 기기를 완전히 파괴하는 것이 아니라 제 기능을 못하게 만들어 목적을 추구하는 방법으로서 난독화가 어떻게 활용될 수 있는지 보여준다는 점에서 흥미롭게 살펴볼 만한 사례다.

2.4 애드너지앰: 모든 광고 클릭하기

브라우저 플러그인인 애드너지앰^{AdNauseam}은 앞의 프랑스 가짜 과속 탐지기와 전략 면에서 유사한 사례로, 맞춤 광고 목적으로 이뤄지는 온라인 감시에 저항하기 위해 사용자가 방문하는 모든 웹 페이지의 모든 배너 광고를 클릭하는 프로그램이다. 애드너지앰은 애드 블록 플러스와 함께 백그라운드로 동작한다. 애드 블록 플러스가 차단한 모든 광고를 애드너지앰이 클릭하고, 동시에 어떤 광고가 있었는데 차단됐는지 자세한 내용을 기록으로 남긴다.

애드너지앰의 아이디어는 사용자가 아무것도 할 수 없는 무기력한 현실에서 출발했다. 즉 광고 회사들의 광범위한 추적을 막을 수도 없고, 그런 사용자 추적이 이뤄지는 사회 기술적 배경을 결정하는 복잡한 제도적, 기술적 요인들을 이해하기도 불가능하다는 것이다. 웹 쿠키나 비콘* 같은 기술, 방문자의 활동을 식별하기 위해 사용자의 설정 값이나 기능 조합을 활용하는 브라우저 핑거프린팅**, 광고 회사, 애널리틱스 회사 등이 여기에 해당한다. 추적 금지^{Do Not Track}라는 기술 표준을 제정해 타협점을 찾으려는 노력은 타깃 광고 분야에서 정치적 입김이 센 이들의 영향력으로 인해 좌절돼왔다. 타협 가능성이 도무지 안 보이던 이런 분위기 속에 애드너지앰이 탄생했다. 애드너지앰을 설계할 때는 광고 분야의 전형적인 비즈

---

* 쿠키와 결합돼 이용자의 행동을 모니터링하기 위해 1픽셀×1픽셀 크기로 임베디드된 이미지를 말하며 웹 버그, 픽셀 태그, 스마트 태그, 클리어 GIF, 트레이서 등 다양한 이름으로 불린다. – 옮긴이

** 웹 페이지에 자바스크립트를 적용해 사용자의 기기가 브라우저를 통해 웹 페이지에 접근할 때 사용자의 브라우저 정보를 분석하는 기술 – 옮긴이

니스 모델을 참고했다. 즉 광고주가 판매하려는 제품에 실제 관심이 있다고 입증된 고객에게 광고를 노출하는 경우에만 광고료를 지급하는 방식이다. 특정 광고를 클릭하는 것보다 제품에 대한 관심을 보여주는 더 확실한 증거가 어디 있겠는가? 클릭 수도 때로는 광고 회사나 광고를 싣는 웹사이트에 지급하는 광고료의 기준이 된다. 광고 클릭 기록이 다른 데이터와 결합되면 사용자의 프로파일을 생성할 수 있다. 프랑스의 가짜 과속 측정기와 마찬가지로 애드너지앰도 클릭 추적 능력 자체를 파괴하는 것이 목적이 아니라, 자동으로 허수의 클릭을 생성해 의미 있는 진짜 클릭을 구별해내지 못하도록 함으로써 진짜 클릭의 가치를 약화시키는 방법이다.

2.5 쿼트 스터핑: 알고리즘 매매 전략 교란하기

호가 부풀리기를 뜻하는 '쿼트 스터핑Quote stuffing'이라는 용어는 주식 시장에서 경쟁자보다 우위를 점하기 위해 주가와 거래량을 왜곡하는 거래 데이터를 생성하는 변칙적인 거래 행위를 일컫는 용어로 사용돼왔다. 일반인에게는 낯선 초단타 매매HFT 분야에서는 알고리즘이 사람보다 훨씬 빠른 속도로 대량 매매를 수행하면서 사람의 눈길을 끌지 못할 정도로 짧은 시간차와 가격차를 이용해 수익을 낸다. 주식 거래에서 항상 타이밍이 절대적이기는 하지만, 특히 초단타 매매에서는 수천 분의 1초에 따라 수익과 손실이 갈라지고, 내 거래는 빠르게, 상대방의 거래는 느리게 만드는 복잡한 전략들이 꾸준히 등장해왔다. 시장 행동을 분석하는 애널리스트들은 2010년 여름 비정상적인 패턴의 초단타 매매에 주목하기 시작했다. 특정 주식에 대한 호가가 폭발적으로 발생했던 것이다. 어떤 때는 초당 수천 건에 이르기도 했다. 그런데 그 거래 행위가 경제적으로는 전혀 합리적이지 않아 보인다는 것이 이해할 수 없는 점이었다. 이를 해석하는 한 가지 가장 흥미롭고 그럴듯한 이론은 이런 거래가 일종의 난독화 기법이라는 것이다. 한 분석가는 이렇게 설명했다. "만약 당신이 당신의 경쟁자가 파악하기 힘든 호가를 낸 다음 자신은 이를 무시해버릴 수 있다면, 당신은 귀한 시간을 벌게 된다."[4] 중요하지 않은 정보를 만들어내 중요한 활동이 이뤄지는 곳을 어지럽힘으로써, 경쟁자가 더 많은 시간을 들여 힘들게 그 상황을 파악하느라 애쓰는 동안 정보를 던져 넣은 쪽에서는 정확하게 상황을 판단할 수 있다. 즉, 자신만 꿰뚫어볼 수 있는 구름을 만드는 것이다. 물론 그런 왜곡적인 정보 패턴들이 애널리스트를 그리 오래 속이지도, 붙들어두지도 못했다. 인위적으로 만들어낸 중요하지 않은 패턴이라는 게 분명했기 때문이다. 하지만 수천 분의 1초로 운명이 결정되는 초단타 매매의 세계에서는 어떤 활동을 단지 관찰해 파악하는 데 드는 시간이 큰 차이를 만든다.

만약 쿼트 스터핑이 확산된다면 수십만 건의 무의미한 호가가 주식 매매가 이뤄지는 물리적 인프라에까지 부담을 주게 되고, 그럼으로써 제대로 작동하는 주식 시장의 건전성을 위협할 수 있다. 앞서 인용한 분석가는 이어서 "이는 시장에 큰 혼란을 초래할 수 있다."며, "더 많은 초단타 매매 시스템에서 똑같이 따라 하기 시작하면서, 쿼트 스터핑이 거래 폭주를 야기해 시장 전체를 중단시키는 것도 시간 문제일 것"이라고 덧붙였다.[5]

2.6 쇼핑 패턴 분석을 방해하기 위해 포인트 적립카드 바꿔 쓰기

식료품점은 오래 전부터 데이터 활용에서 앞선 기술을 도입해왔다. 비교적 무해한 것으로 인식되던 초창기 포인트 적립카드 프로그램은 단골손님을 유치하는 목적 외에도 카드를 만들고 사용하지 않는 고객으로부터 추가 수익을 얻기 위해서나 지역별 광고용 우편물 발송을 위한 원시 데이터 확보 등을 위해 활용됐다. 대다수의 식료품점과 체인점들이 이러한 데이터의 분석을 AC 닐슨이나 카탈리나 마케팅 등 외부 회사에 위탁했다.[6] 초기에는 이런 관행들이 별개로 이뤄지며 해가 없는 것으로 인식됐으나, 몇몇 사건 이후로 포인트 적립카드의 목적에 대한 인식은 무해하고 도움이 된다는 쪽에서 다소 악의적인 여지가 있다는 쪽으로 바뀌게 됐다.

1999년 로스앤젤레스의 한 슈퍼마켓에서 고객이 미끄러져 넘어진 사건에 대한 소송이 있었다. 그 과정에서 슈퍼마켓 측 변호인이 희생자의 술 구매 기록을 법정에서 공개하겠다고 위협한 적이 있다.[7] 몇 년에 걸쳐 이와 비슷한 사례들이 반복됨에 따라 대중들의 인식 속에 포인트 적립카드가 단지 할인 목적으로만 사용되지 않고 있다는 의심이 싹트기 시작했다. 이러한 의심이 급속도로 확산된 지 얼마 지나지 않아 카드 교환 네트워크가 결성됐다. 사람들은 자신의 구매 패턴에 관한 데이터를 감추기 위해 카드를 공유했다. 처음에는 그때그때 직접 만나 교환이 이뤄지다가, 그다음에는 메일링 리스트나 온라인 소셜 네트워크의 도움을 받아 점차 더 많은 사람들이 더 넓은 지역에서 참여하기 시작했다. 예를 들어 롭의 '자이언트 포인트 적립카드 교환 모임'은 DC 지역 슈퍼마켓 체인인 자이언트의 경우 타인의 바코드를 출력해서 자신의 카드에 붙이는 방식으로도 바코드 공유가 가능하다는 아이디어로부터 시작됐다.[8] 유사하게 '얼티밋 쇼퍼' 프로젝트는 세이프웨이 슈퍼마켓 포인트 적립카드의 바코드 스티커를 복제해 배포함으로써, 다량의 복제 바코드를 통해 한 개의 바코드로 쇼핑 데이터가 누적되는 방식이다.[9] 카드익스체인지Cardexchange.org는 직접 만나 포인트 적립카드를 교환하는 방식을 그대로 우편 교환 방식으로 가져왔다. 포인트 적립카드 교환은 집단 행동으로서의 난독화에 해당한다. 즉 자신의 카드를 공유할 의사가 있는 사람들이 많을수록, 카드 교환이 더 널리 이뤄질수록 데이터의 신뢰도가 낮아지게 된다.

또한 카드 교환 사이트에서는 토론의 장을 제공하고, 새로운 소식을 올리고, 다른 방식의 포인트 카드 난독화 기법을 제안하고, 윤리적인 문제에 대해서도 의논한다. 카드 교환으로 인해 식료품점이 활용하는 데이터의 품질이 낮아지고, 그 결과 다른 고객에게 피해가 갈 것이라는 부정적 효과에 대한 우려도 있다. 하지만 그런 효과는 포인트 카드 시스템에서도 동일하게 나타난다는 사실에 주목할 필요가 있다. 예를 들어, 친구 간에 또는 가족 간에 포인트 카드를 공유하는 경우 상점은 이들 개인 차원의 쇼핑 정보를 얻지는 못하겠지만 개별 쇼핑 건에 대한 정보를 얻거나 지역 내에서 선호하는 물품에 대한 정보를 얻기에는 충분할 것이다. 우편번호가 같은 지역 단위나 읍/면/동 같은 지역 단위의 데이터는 가치가 없다고 생각하면 안 된다. 복잡하게 섞인 데이터에 존재하는 진짜 정보를 뽑아낸다면 더 광범위한 정보를 얻을 수도 있을 것이다.

2.7 비트토렌트 하이드라: 가짜 요청으로 주소 수집 막기

비트토렌트 하이드라BitTorrent Hydra는 지금은 없어진 기능이지만, 파일 공유를 막으려는 세력의 감시 시도에 대해 파일 요청 시 진짜 요청과 가짜 요청을 섞는 방식으로 대항했던 흥미로우면서도 실례가 되는 프로젝트다.[10] 비트토렌트 프로토콜은 하나의 파일을 매우 작은 조각들로 쪼갠 후, 사용자가 이 조각들을 동시에 주고받음으로써 서로 파일을 공유하도록 해준다.[11] 한 명의 사용자에게서 파일 하나를 통째로 받는 것이 아니라, 쪼개진 파일 조각들을 가지고 있는 다른 사용자로부터 조각을 받은 후 합쳐서 파일을 완성할 수 있고, 반대로 내가 가진 파일 조각을 필요로 하는 사람이 있으면 내게 받아갈 수도 있다. 이 '여럿으로부터 여러 개의 조각을 받는' 방식은 온갖 종류의 파일 공유를 촉진했고, 특히 영화나 음악처럼 크기가

큰 파일을 전송하기 위한 최적의 방법으로 금세 자리 잡았다.[12]

비트토렌트 사용자가 필요로 하는 파일을 좀 더 쉽게 찾아 합칠 수 있도록 '토렌트 트래커'는 주고받은 파일의 IP 주소를 기록했다. 예를 들어, 사용자가 어떤 파일의 특정 조각이 필요하다고 하면, 토렌트 트래커는 사용자에게 필요한 조각을 갖고 있는 사용자의 IP 주소를 알려준다. 누가 자사의 지적재산권을 침해하는지 눈에 불을 켜고 감시하던 주요 콘텐츠 기업들은 허락 없이 파일을 공유하는 것을 막거나 심지어 고소하기 위해 자체 트래커를 가동해 허락 없이 업로드 또는 다운로드하는 대표적인 사용자들의 IP 주소를 모으기 시작했다. 하이드라는 비트토렌트에 사용된 적 있는 IP 주소 중에서 추출한 임의의 IP 주소를 토렌트 트래커가 수집하는 주소 모음에 추가하는 방식으로 이런 추적에 대항했다. 만약 한 사람이 어떤 파일의 조각을 요청했다고 할 때, 그 파일이 없는 사람에게도 파일 공유 요청이 주기적으로 전달된다. 이렇게 하면 비트토렌트 시스템 전체적으로는 효율성이 약간 떨어지겠지만, 어떤 IP 주소가 진짜고 어떤 것이 하이드라가 삽입한 가짜인지를 알 수 없게 만듦으로써 저작권을 행사하려는 측이 수집하는 주소의 유용성을 현저히 떨어뜨리게 된다. 시스템에 불확실성을 다시 야기함으로써 참여자가 확신범으로 고소될 가능성이 줄어들게 되는 것이다. 즉 하이드라는 감시자의 기록을 파괴하거나 비트토렌트의 트래픽을 감추려고 시도하는 대신, '내가 스파르타쿠스다.'라고 외치는 방식으로 저항한다. 하이드라는 데이터 수집을 피하지 않았다. 대신 수집된 데이터의 신뢰도를 낮춤으로써 데이터로부터 얻은 모든 결론에 의문을 갖게 만들었다.

2.8 일부러 애매모호한 언어 사용하기: 난독화 효과를 내는 표현

재클린 버켈과 알렉산드르 포티에의 연구에 따르면, 건강 정보 사이트들의 개인정보 보호 정책은 추적, 감시, 데이터 수집의 활용을 설명할 때 특히 모호한 표현으로 문장을 구성한다.[13] 이들이 찾아낸 표현들에는 '할 수도 있다^{may}' 같은 조건 동사, 수동태, 명사화, '정기적으로^{periodically}'나 '이따금씩^{occasionally}' 같은 시간을 지칭하는 부사들, '데이터 조각' 같은 정성적 형용사 등이 있다. 이런 형태의 난독화 방식이 잘 알아차리기 힘들 정도로 미묘해 보일 수도 있지만, 막상 실제 작동되는 방식은 앞서 설명한 다른 형태의 난독화 방식과 유사하다는 것을 쉽게 알아챌 수 있다. 예를 들어 "우리는 이용자 정보를 수집하지 않습니다." 같은 구체적이고 그럴듯한 말로 부정하거나 정확하게 인정하는 대신, 모호한 언어를 사용해 가능한 활동과 권한이 무엇인지 헷갈리게 만든다. 예를 들어 "이 사이트의 이용을 제3자에 의해 제공되는 다른 사이트의 이용에 관한 정보와 연결하기 위해 어떤 정보가 소극적으로 수집될 수 있습니다."라는 문장은 해당 사이트가 어떤 정보를 어떻게 활용하는지에 관한 구체적인 내용을 다양한 해석 가능성이 존재하는 구름 속으로 던져 넣어버린다.[14] 이런 글쓰기 방식은 꼭 난독화라기보다는 좀 더 일반적인 차원의, 일부러 난해한 문구나 애매모호한 표현을 쓰는 방식으로 이해할 수 있다. 그러나 다만 다양한 난독화 방식을 설명하는 관점에서 보자면, 이러한 글쓰기 스타일도 유용한 난독화 전략일 수 있다. 즉, 문서가 분명 존재하는데 확실하게 아니라고 부인할 수는 없기 때문에, 누가 무엇을 하고 있는지를 헷갈리게 하고 불분명하게 만드는 전략을 취하는 것이다.

2.9 익명 글의 난독화: 계량적 문체 분석 막기

한 작가의 글이 다른 작가의 글과 다르다는 것을 구별하는 데 어느 정도 분량의 문장이 필요할까? 계량적 문체 분석Stylometry은 언어학적 문체의 요소들만을 이용해 익명 글을 누가 썼는지를 판별한다. 어떤 사안에 대해 어느 특정인만 알고 있을 가능성, 온라인 포럼에 올린 글인지 여부, IP 주소 같은 외부적 단서들, 글을 작성한 시점 같은 것은 고려하지 않아도 된다. 문장의 길이, 단어 선택, 문법, 서식과 용법에서 특이한 부분, 지역적 특성, 반복적으로 발견되는 오타 등을 고려한다. 연방주의자 논집을 쓴 익명의 저자들이 누구인지 둘러싼 논란을 해소하는 데 도움이 된 것이 바로 이 계량적 문체 분석이었다. 예를 들면 while을 쓰는지 whilst를 쓰는지에 따라 알렉산더 해밀턴과 제임스 매디슨을 구별할 수 있었다. 또한 계량 문체 분석이 법률 분야에서 유용하다는 것은 이미 인정되고 있는 바다.[15]

계량적 문체 분석은 '짧은' 글만으로도 저자를 식별해낼 수 있다. 여기서 '짧은'이란 어느 정도의 분량을 말하는 것일까? 조시울라 라오와 판카이 라탕기에 따르면, 이메일이나 소셜 네트워크에 올린 글, 블로그 글 등 저자가 밝혀진 글 모음과 함께 사용될 경우 6,500개 단어 정도의 샘플이면 성공적으로 저자를 식별해낼 확률을 80퍼센트까지 끌어올리기에 충분하다.[16]

꼭 여러 사람 중에서 어느 특정 저자를 식별해내기 위한 목적이 아닌 경우에도, 계량적 문체 분석을 이용하면 감시의 목적에 유용한 정보를 만들어낼 수 있다. 위키리크스 운영자였던 기술 활동가 다니엘 돔샤이트-베르크는 만약 위키리크스의 보도 자료와 유출 문건의 요약본, 그 외 공개 문서들에 대해 계량적 문체 분석을 실시했더라면 많은 수의 다양한 자원 활동가들이 있다던 돔샤이트-베르크와 줄리안 어산지의 주장과는 달리 그 둘이 모든 것을 작성했다는 사실이 알려졌을 것임을 깨달은 순간을 떠올린다.[17] 계량적 문체 분석을 이용할 경우 다른 수단을 이용할 때보다 '익명의 활동가' 및 '비밀 운동'에 대해, 또 그 약점에 대해 좀 더 정확히 이해할 수 있다. 감시자는 이렇게 저자일 가능성이 있는 사람의 수를 몇 명으로 좁혀놓고 훨씬 유리한 입장에서 가능성이 높은 용의자만을 추적하면 된다.

난독화를 쓰면 이렇게 공개된 글이 알려주는 신호를 뒤죽박죽으로 만들어버리고 그 글을 저자와 연결 짓지 못하게 방해할 수 있다. 많은 난독화 전략들은 어떤 것이 그 난독화로 인한 구체적인 결과인지 확신하기 어렵고 비협조적인 감시자 정도나 알아챌 수 있다는 특징을 갖는다. 계량적 문체 분석을 방해하기 위한 난독화는 다른 많은 난독화 전략들보다는 그 성공 여부를 좀 더 쉽게 확인할 수 있다는 점에서 독특하다.

계량적 문체 분석을 무력화하는 세 가지 전략을 살펴봄으로써 난독화를 이해하는 데 유용한 통찰력을 얻을 수 있다. 직관적이면서도 간단한 두 가지를 먼저 소개한다. 이 두 가지 방법은 그 사람의 평소 글쓰기 스타일과 다른 스타일을 설정하는 방식으로, 이러한 방식의 단점은 왜 난독화를 사용하는 것이 도움이 되는지 잘 보여준다.

첫째, 번역 공격은 원문을 여러 언어로 번역한 후 이를 다시 원문의 언어로 재번역함으로써 기계 번역의 약점을 이용하는 전략이다. 즉, 글쓰기 스타일로 저자를 알아낼 수 없을 정도로 변형을 가하는 말 전달 놀이와 같은 방식이다.[18] 물론, 이 과정에서 문장의 일관성이나 의미가 약해지기도 하고, 번역 기계가 개선됨에 따라 개인의 특징을 지우는 효과를 제대로 내지 못할 수도 있다.

둘째, 모방 공격은 원저자가 글을 작성할 때 의도적으로 다른 사람의 글쓰기 스타일을 흉내 내는 방식이다. 이러한 접근법이 갖는 한 가지 취약점이 연구를 통해 밝혀졌다.[19] 어떤 글이 동일한 저자의 글인지 식별하는 분석 시스템을 사용해 두 개의 글 중 그 저자의 것이라고 가장 확실히 판단할 수 있는 것을 하나 식별자로 고른 다음, 그 식별자를 분석에서 제외한다. 그리고 다시 그다음으로 가장 확실한 식별자를 찾아 또 분석에서 제외한다. 이러한 과정을 계속 반복하는 것이다. 그런데 만약 두 개의 글이 실제로 각각 다른 사람이 쓴 글이라면, 저자가 다른 사람이라는 것을 알아내는 과정의 정확성이 그렇게 순식간에 떨어지지는 않는다. 두 스타일을 구분하는 눈에 띄는 확실한 차이점들 말고도 바탕에 깔린 작은 차이점들도 존재하기 때문이다. 그러나 만약 동일한 사람이 쓴 글이지만 하나는 다른 사람의 스타일을 흉내 내서 쓴 경우라면, 분석의 정확도는 급격히 떨어지게 된다. 겉으로 확연하게 드러나는 눈에 띄는 차이점 아래에 깔려 있는 근본적인 유사성까지 없애기는 쉽지 않기 때문이다.

계량적 문체 분석을 방해하는 난독화 공격은 특징이 없는 문체로 글을 쓰는 방법을 이용한다. 연구자들은 '얕은' 난독화와 '깊은' 난독화를 구분해 설명한다. '얕은' 난독화는 예를 들어 'while'과 'whilst' 중 어느 것을 쓰는지와 같이 가장 눈에 띄게 특징적인 문구 몇 개만 바꾼다. '깊은' 난독화는 모방 공격을 방해하는 데 사용된 것과 같은 식별자 분석 시스템을 쓰되, 저자에게 도움이 되는 쪽으로만 사용하는 방식이다. 이런 시스템에서는 저자가 문서를 작성하는 도중 실시간 피드백을 제공하는데, 가장 많이 발견된 문제 항목을 찾아내어 복잡한 문장으로 바꿔 쓰라는 식으로 계량적 문체 분석의 정확도를 떨어뜨릴 만한 변경을 추천한다. 또한 지극히 평범한 '일반적인 용법'을 활용 가능한 자원으로 만듦으로써 무수히 많은 유사한 저자들 사이로 숨어들 수 있도록 해줄 수도 있다.

이 책을 저술하는 현재 개발 중인 시스템인 어나니마우스Anonymouth는 유사한 글 뭉치 안에 난독화에 활용할 수 있는 통계적으로 평범한 문장들을 만들어내는 방식을 사용해 이런 접근 방법을 실제로 구현하고 있는 중이다.[20] 2011년 영화 〈드라이브〉에서 범죄 현장 문 앞에서 대기할 운전사에게 준 자동차가 캘리포니아에서 가장 흔한 차인 은색 쉐보레 임팔라였다는 것을 떠올려보자. 정비공은 다음과 같이 장담했다. "당신 차에 주의를 기울일 사람은 아무도 없을 거요."[21] 참 기발한 방법이라는 생각이 듦과 동시에, 정치 공약이나 중요한 서류들을 작성할 때 수사학적, 문체적 측면에서 지극히 평범한 표현을 쓰려고 안간힘을 쓰는 세상, 그래서 토마스 페인의 "지금은 인간의 영혼을 시험하는 시대다."와 같은 표현은 더 이상 볼 수 없는 미래를 맞이 하게 될지 문득 궁금해진다.

2.10 코드 난독화: 기계가 아닌 인간만 속이기

컴퓨터 프로그래밍 분야에서 '난독화 코드'라는 용어는 두 가지 의미를 갖는데, 이 둘은 서로 관련이 있으면서도 각기 분명한 차이가 있다. 첫 번째 의미는 '보호 수단으로서의 난독화'다. 즉 코드를 사람이나 다양한 형태의 '디스어셈블리 알고리즘'(컴파일된 코드를 풀어주는 것)이 해석하기 어렵게 만들어서 복제나 조작, 정보 유출 등을 못하도록 하는 것이다. 이런 역공학의 전형적인 예로 마이크로소프트 사의 보안 업데이트를 들 수 있다. 악의적인 해커들은 업데이트 패치의 코드를 분석해 기존 코드의 취약점을 정확히 알아낸 후, 그들이 공격하고자 하는 대상에 심을 악성코드를 만들어낸다. '난독화 코드'의 두 번째 의미는 예술적 형태로서의 난독화를 가리킨다. 즉, 인간이 풀기에는 극도로 복잡한 코드인데 컴퓨터는 쉽게 처리할 수 있는 평범한 계산을 하는 코드를 작성하는 것이다.

간단히 말해, 코드 난독화를 당한 프로그램은 예전과 동일한 기능을 수행하지만 사람이 분석하기에는 더 어려워지게 된다. 그런 프로그램은 범주와 개념으로서 난독화가 갖는 두 가지 특징을 보여준다. 첫 번째 특징은 난독화 프로그램은 제약이 있는 상황에서 작동한다는 점이다. 즉 내가 난독화를 사용하는 것은 사람들이 나의 코드를 볼 수 있기 때문이며, 보호 장치로서 난독화의 목적은 분석 효율성을 떨어뜨리고(실험에 따르면 적어도 소요 시간을 두 배로 늘일 수 있다.) 분석가가 초짜든 노련한 사람이든 별 차이가 없게 만들고, 어떤 이유에서든 공격하기 쉬운 시스템을 마치 공격하기 어려운 시스템인 것처럼 보이도록 잘못된 프로파일을 제공하는 것이다.[22] 두 번째 특징은 난독화된 프로그램의 코드는 다른 형태의 난독화에서도 익숙한 전략을 사용한다는 것이다. 즉 중요해 보이지만 무의미한 정보를 추가한다거나, 반드시 설명이 필요한 추가 변수를 포함한다거나, 코드 안에서 자의적이거나 의도적으로 헷갈리게 하는 이름을 사용한다거나, 코드 안에서 'x번째 줄에서 y를 실행하라.'라는 식의 지시를 일부러 헷갈리게 줘서 프로그램이 더 이상 진행하지 못하게 만들어버린다거나, 여러 가지로 코드를 뒤섞는 것 등이다. 보호 수단의 측면에서 코드 난독화는 일종의 과속 방지 턱처럼 분석을 방해해 시간을 버는 전략이라고 할 수 있다(최근 들어 코드 난독화 기술이 발전하면서 난독화의 난이도가 훨씬 더 높아지고 이를 푸는 데 걸리는 시간도 크게 증가하고 있다. 이에 대해서는 뒤에서 설명하겠다).

예술적, 심미적인 형태로 쓰일 때의 코드 난독화는 직관에 반하는, 언뜻 보면 어리둥절할 법한 수단을 사용해서 목표를 달성하는 대표적인 방법이라 할 수 있다. 닉 몽포르는 이런 전략에 대해 상당히 자세히 설명했다.[23] 예를 들어 C 프로그래밍 언어에서 변수명을 해석하는 방법을 고려해, 프로그래머는 눈으로 보기에 숫자 0과 잘 구별되지 않는 문자 o나 O를 코드에 포함시켜서 컴퓨터는 이해하는 데 문제없지만 사람은 헷갈리게끔 코드를 작성할 수 있다. 이런 형태의 난독화 중에는 이 책에서 정의한 '난독화'의 범주를 약간 벗어나는 경우도 있지만, 난독화의 근본적인 문제에 대한 접근법을 이해하는 데는 도움이 된다. 즉 감시의 대상이 될 수 있는 무언가를 어떻게 하면 모호하게 만들고 가짜 단서들로 채워 감시자가 정체를 잘못 판단하게 만들고 감시자의 예상을 빗나가게 할 수 있을까 하는 문제다.

코드 난독화는 계량적 문체 분석과 마찬가지로 분석, 테스트 및 정교한 최적화에 활용할 수 있다. 코드 난독화의 기능도 단순히 한시적으로 시간 벌기 정도의 수준에서 벗어나 완전히 파악하기가 불가능한 수준에 가까울 정도로 코드 분석을 어렵게 만들 수도 있다. 산얌 가그의 공동 논문에서는 코드 난독화를 기존의 과속 방지 턱 정도 수준에서 철벽으로 발전한 것으로 평가했다. 직소 퍼즐 조각이 서로 들어맞듯이 다선형 직소 퍼즐 기법으로 코드를 쪼갤 수 있다. 이 경우 다양한 코드 조합이 가능하지만, 제대로 된 딱 한 가지 조합만이 코드를 실제로 실행할 수 있다.[24] 프로그래머는 깔끔하고, 오류도 없고, 사람이 이해할 수 있는 프로그램을 만든 다음 난독화 생성기를 이용해서 그 전보다 훨씬 오래 정밀 검토를 해도 풀어낼 수 없는 결과를 생성하면 된다.

일반적으로 난독화 분야에서 가장 활발한 영역인 코드 난독화는 사용하기에는 쉽고 무너뜨리기에는 매우 어려운 시스템으로 발전하고 있는 것으로 보인다. 이는 심지어 하드웨어에서도 마찬가지로, 예야비자얀 라옌드란 연구 팀은 칩의 기능을 역공학하는 시도를 막기 위해 회로 안의 부품을 활용해 '논리 난독화'를 만들어내고 있다.[25]

2.11 개인 허위 정보: 개인의 잠적 전략

잠적 전문가들은 난독화를 활용해보려는 사람들에게 가르쳐줄 수 있는 것이 많다. 이러한 전문가 중 상당수는 사설 탐정이나 도망간 채무자를 찾는 업무를 하는 채무자 수색원으로, 자신의 추적 기술을 '역공학'으로 풀어내 거꾸로 잠적 상태를 유지하려는 고객이 계속 잡히지 않도록 돕기도 한다. 물론 그들이 쓰는 기술과 방법의 상당수는 난독화와는 전혀 관련이 없으며 단순한 회피나 은닉에 가깝다. 예를 들면 회사를 설립한 후 회사 명의로 아파트를 임대하고 공과금을 처리함으로써 개인의 이름이 공개적으로 찾을 수 있는 활동과 연결되지 않도록 하는 것이다. 그러나 소셜 네트워킹과 온라인 활동이 광범위하게 확산되면서 잠적 전문가들은 난독화의 한 종류로서의 허위 정보 전략을 선호한다. 잠적 전문가인 프랭크 애헌은 구체적인 다수의 '유령의 인물'을 만들어 웹사이트 검색 시 나오는 개인정보를 '묻어버릴 수' 있다고 말한다.[26] 이렇게 하려면 같은 이름과 기본적인 특징을 갖는 수십 명의 허구 인물을 만들어, 그중 일부에는 개인 웹사이트를 만들어주고 또 일부에게는 소셜 네트워크 계정을 만든 후 이따금씩 적당히 활동하도록 해야 한다. 스토커나 가정 폭력을 피하고자 하는 고객에게 애헌이 추천하는 방법은 상대가 따라갈 법한 수많은 거짓 단서를 동시다발적으로 만드는 것이다. 예를 들면 어떤 도시에서 아파트 임대를 위한 신용 조회를 하거나(물론 실제 계약은 하지 않고), 공과금 신청이나 직장 주소 및 전화번호 변경 신청을 전국 또는 전 세계 여기저기에 해놓은 후, 일정 금액이 유지되는 당좌 예금 계좌의 직불카드를 이곳들을 돌아다닐 사람에게 줘서 비용 처리를 할 때 사용하도록 하는 식이다. 잠적 전문가들이 추천하는 전략은 추적자에 대해 알고 있는 정보를 바탕으로 한다. 즉, 목표는 누군가를 완벽하게 '사라지게' 하는 것이 아니라 실질적 목적을 충족할 수 있을 정도로만 추적자의 눈에 띄지 않게 해놓고 추적자의 예산과 자원이 바닥날 때까지 기다리는 것이다.

2.12 애플의 '복제 서비스' 특허: 전자 프로파일링 오염시키기

2012년 애플은 노벨 사의 특허를 대량 인수하는 과정에서 미국 특허 8,205,265 '전자 프로파일링 오염 기술'을 사들였다.[27] 이는 서비스를 희생하지 않고 데이터 감시를 관리하는 방법으로, 이 책에서 앞서 다룬 기술적 난독화 시스템들과 유사하다. 이 '복제 서비스'는 가짜 개인정보 생성을 자동화, 대량화하는 시스템으로, 개별 기업이나 기관보다는 온라인 데이터 수집 시도를 대상으로 한다.

이 서비스에서 사용자의 요청에 따라 복제 신분을 생성하면, 제공된 식별자를 사용해 이 복제 신분으로도 소셜 네트워크 등에서 진짜 사람인 것처럼 인증할 수 있다. 이런 식별자에는 머리색이나 결혼 여부처럼 몇 가지 실제 개인정보에 해당하는 데이터가 포함될 수도 있지만, 대부분 의도적으로 부정확하게 조작된 정보를 대량으로 넣어 그 안에 뒤섞는다. 초기 데이터 세트를 기본으로 시작해 복제된 신분에 이메일을 주고받을 수 있는 주소를 만들어주고, 약간의 비용만 지불하면 전화번호를 만들어주는 온라인 서비스를 통해 전화번호와 보이스 메일을 만든다. 또 이따금씩 충전되는 고정 계좌와 연결된 기프트카드나 직불카드처럼 독립적으로 사용할 수 있는 자금원도 갖도록 해서 소액 거래를 할 수 있도록 하기도 한다. 심지어는 좀 더 진짜 사람처럼 보이도록 우편주소나 아마존 라커를 추가할 수도 있다. 이런 신호 외에 사용자가 지정한 관심사를 추가할 수도 있고, 소셜 네트워크 사이트나 기타 서비스로부터 이미 존재하는 데이터를 불러와 좀 더 살을 붙일 수도 있다. 만약 사용자가 드롭다운 메뉴에서 복제 신분이 미국인이며 사진과 캠핑에 관심이 있다고 선택하면, 시스템은 이 복제 신분이 안셀 애덤스의 작품에도 관심이 있어야 한다는 것을 알아내는 식이다. 이 시스템은 트랙미낫처럼 검색도 하고 링크도 따라가며, 페이지를 살펴보고 심지어는 물품 구매나 와일더니스 익스커전을 다루는 메일링

리스트나 내셔널 지오그래픽의 트위터 팔로우 등의 서비스 처리도 한다. 이들 관심사는 사용자의 브라우징 기록 등으로부터 유추된 사용자의 진짜 관심사에서 가져온 것일 수도 있지만, 시간이 지남에 따라 점차 관심사도 넓어지게 된다. 또 인구통계학적 분류상 적절한 활동으로 자동 선택된 활동을 자신의 복제 신분의 프로필에 덧입힐 수도 있다. 즉 개인의 실제 데이터를 기본으로 하되 개성이 너무 확연히 드러나지 않게 지극히 전형적인 관심사나 행동을 선택함으로써 프로필을 다듬는 것이다.

어느 정도 간단한 분석을 수행한 후에는 복제 신분에 개인의 생활 패턴과 습관도 추가할 수 있다. 만약 사용자가 주말과 저녁, 휴일에는 근무하지 않는다면 복제 신분도 똑같이 행동하게 된다. 복제 신분은 꼭 계속 활동하는 것은 아니므로 만약 사용자가 곧 비행기를 탈 예정이라면, 복제 신분의 활동을 잠시 꺼서 감시자가 복제 신분의 활동을 쉽게 눈치채지 못하도록 할 수 있다. 복제 신분의 활동은 사용자가 활동을 다시 시작하면 재개된다. (왜 하나가 아니라 다수의 복제된 신분에 대해 이야기하고 있는지는 아래에서 설명하겠다.) 물론 사용자는 복제 신분이 하면 안 되는 활동의 종류도 선택할 수 있다. 복제 신분을 그럴듯하게 보이게 하려고 꼭 허용해야 하는 경우가 아니라면, 당신을 가장해 불법 콘텐츠를 다운로드하거나, 인터넷에서 폭탄 제조법을 찾아다니거나, 포르노 사진을 보거나 하는 것 등은 제한할 수 있을 것이다. 복제 신분을 만들 때 역사나 기부, 요리 같은 것에만 관심이 있는 건전하고 진지한 사용자로 만들어 놓으면 오히려 더 의심을 사게 될 수도 있다. (하나의 복제 신분에 대해 이야기하다가 다수의 복제된 신분에 대해 이야기하는 이유는 일단 한 개의 복제 신분이 만들어져 활동하게 되면, 그 즉시 동일 복제 신분을 또 만들어내므로 다량의 복제 신분이 만들어지기 때문이다. 보르헤스가 말한 세상을 한번 상상해보자. 복제 인간이 내 과거, 인구통계학적 정보, 습관 따위를 학습해서 또 자기와 닮은 복제 인간을 만들어내면, 결국 복제 인간의 복제 인간이 계속 생겨난다는 것이다.) 나와 동일하며, 매일매일 내 것일 수도 있는 삶을 대신 사는 가상의 신분을 얼마나 많이 만들지는 사용자의 관심사에 해당하는 일이다. 이것은 이 특허 기술에서 설명하고 있는 근본적인 목표를 충족한다. 즉 당신의 복제 신분은 데이터 수집을 피하거나 거부하는 것은 아니지만, 수집된 데이터를 오염시키고 오염된 데이터로부터 생성된 프로파일의 가치를 떨어뜨리는 방법이다.

2.13 보텍스: 게임 및 교환 방식으로서의 쿠키 난독화

아티스트며 디자이너, 프로그래머[28]인 레이첼 로우가 콘셉트 시험용으로 제작한 〈보텍스Vortex〉라는 게임은 두 가지 역할을 동시에 수행한다. 즉 게임 참가자에게 어떻게 온라인 필터링 시스템이 그들의 인터넷 경험에 영향을 주는지 일깨워주고 브라우저 쿠키와 기타 신원 식별 시스템을 이용한 타깃 광고를 엉뚱한 방향으로 바꾸는 것이다. 이는 시간을 쓰면서 재미를 느낀다는 점에서 게임과 동일한데, 쿠키 기반의 타깃 광고라는 추상적이고 재미없어 보이는 주제에 사용자를 참여시킨다는 점에서 탁월한 방법이라고 할 수 있다. 다시 말해, 이 게임은 개인 데이터를 관리하고 교환하는 다중 사용자 참여형 게임이다. 주요 활동은 웹사이트에서 '쿠키'를 채굴해 이를 다른 사용자와 바꾸는 것이다. 게임의 어느 시점에서는 브라우저 북마크 바에 색깔 버튼이 여러 개 있는데, 이것으로 쿠키를 수집, 교환할 수 있고 다른 사람으로 신분을 바꿀 수도 있다. 또 다른 시점에서는 쿠키 채굴을 할 수 있는 행성 같은 지대의 모습처럼 보인다(넓은 지대의 모습은 유명한 채굴 게임인 〈마인크래프트〉로부터 살짝 영향을 받았다.)

보텍스는 이런 기발한 아이디어를 통해 재미있고 친근하게 쿠키를 표현하고 관리하고 공유할 수 있게 하는 시스템이다. 쿠키를 생성하고 수집한 후 다른 사용자와 교환하게 되면, 사용자는 클릭 한 번으로 교환된 쿠키의 사용자로 신분을 바꿀 수 있으므로 그 사용자가 보게 되는 웹사이트나 다르게 배치된 상품 목록 등을 경험할 수 있다. 이렇게 되면 결국 타깃 광고를 선택할 수 있게 된다. 즉, 나를 대표하는 쿠키를 변경함으로써 성별을 바꾸거나 인종, 직업, 관심사 등을 바꿀 수 있다. 이로써 사용자는 특정 마케팅 회사가 정한 정체성에 맞게 나타나던 광고 요소들에 조작되기보다는 개인화된 광고들을 무시할 수 있게 된다. 사용자는 다양한 신분으로 웹을 경험할 수 있으며 자신의 특정 속성과 전혀 관련 없는 정보를 웹상에 남길 수 있다. 한편 믿을 만한 친구들 사이에서는 계정 쿠키를 공유함으로써, 예를 들면 특정 국가에만 상영이 금지된 스트리밍 영화같이 어떤 지역에서는 판매가 금지된 상품을 구매할 수도 있다.

　신분을 이것저것 바꾸는 과정, 즉 인구통계학적 자료를 수집하는 과정을 통해 보텍스 게임 참여자는 온라인 신분을 마치 온라인 롤플레잉 게임의 인벤토리 아이템 옵션처럼 다룰 수 있다. 쿠키나 개인화 기능으로 누릴 수 있는 장점을 포기하거나 숨겨버리는 대신, 보텍스는 개인의 정체성을 군중 속에 감추고 대신 사용자에게는 다양한 정체성을 사용할 수 있도록 해준다.

2.14 '베이지안 홍수 기법'과 온라인 정체성의 가치 '팔지 않기'

2012년 개발자이자 기업가인 케빈 루드로는 익숙한 난독화 문제인 '페이스북에서 데이터를 감추는 최선의 방법은?'이라는 주제로 강의했다.[29] 이에 대한 짧은 대답은 데이터를 모두 삭제하는 것만큼 좋은 방법은 없다는 것이다. 하지만 소셜 네트워크에서 자료를 통째로 없애는 것은 대부분의 사용자들에게는 실현 가능성이 없는 대답이다. 하지만 지금쯤은 모두가 알고 있을 루드로의 대답은 달랐다.

그는 "페이스북으로부터 데이터를 숨기려 하기보다는, 오히려 페이스북이 처리하지 못할 정도로 너무 많은 정보를 제공하는 것이 낫다."라고 했다. 루드로는 후에 통계적 분석 형식을 갖추고 '베이지안 홍수 기법'이라고 불렀던 실험을 했는데, 페이스북 타임라인에다가 몇 달에 걸쳐 소설 책 세 권 분량은 될 만한 가치가 있는 인생의 이벤트 수백 개를 입력하는 것이었다. 그는 결혼과 이혼을 하고, 두 번에 걸친 암 투병을 했으며, 수차례 뼈가 부러지고, 아빠가 되고, 전 세계를 돌아다니며 살아보고, 12개의 종교를 탐구하고, 여러 곳의 외국 군대에서 근무했다. 루드로는 어느 누구도 이런 이야기에 빠지지는 않을 것이라 생각했다. 오히려 그는 사용자가 원래 입력하려고 의도했던 정보보다 훨씬 많은 정보를 입력하도록 자극하고 유도하고 웹사이트의 동작 방식과 광고 자체에 포함된 '강압적 심리 기법' 및 조작에 대항하는 저항의 행위로서 어떤 광고에 반응하는지에 대해 틀리게 반응해 페이스북이 나의 개인 경험을 제대로 맞추지 못하도록 하는 것을 목표로 했다. 실제로, 전 세계를 다니면서 불운을 많이 겪은 비밀스런 용병으로 살았다는 루드로의 전혀 믿을 수 없는 타임라인은 일종의 필터로 동작한다. 비록 루드로의 친구나 지인이 아니라도 이 글을 읽은 사람은 어느 누구도 이것이 사실이라고 믿지 않겠지만, 광고용 분석 알고리즘은 그런 차이를 알아낼 방법이 없다.

루드로는 가설을 세우길, 만약 그의 접근법이 좀 더 광범위하게 사용된다면 타임라인이 다양한 사건으로 꽉 찬 사람들, 즉 지리적으로나 직업적으로, 또는 인종적으로 특이한 사람들을 구별해내는 것이 어렵지 않을 것이고, 그러면 그런 사람들에 대한 데이터 결과는 전체 분석에서 빠질 수 있을 것이라고 생각했다. 이 책의 2부에서 목표별로 분류해 좀 더 논의하겠지만, 이런 루드로의 관점은 이 방법의 성공을 제한적으로 해석하는 것이다. 그의 베이지안 홍수 기법은 방대한 분량의 데이터 수집과 분석에 대항하고 데이터 분석을 손상시키는 것이 목적이 아니라 오히려 그 자신에 대한 데이터를 시스템 내에 한정시키고 활용하기도 어렵게 만들려는 목적이 크다. 맥스 조는 덜 극단적인 방법을 제안했는데, '자신의 페이스북 타임라인에 충분한 양의 거짓말을 포스팅해서 페이스북의 개인정보 판매 역량을 손상시키고, 정보의 가치를 떨어뜨리는 방법'이었다.[30] 즉, 저항과 신념의 행위로서 개인의 온라인 활동을 상품화하기 어렵게 만드는 것이다.

2.15 페이스클록: 은폐 작업 숨기기

페이스클록FaceCloak은 페이스북이 개인정보에 접근하는 것을 제한하는 또 다른 방법이다. 페이스북 프로필을 생성할 때 거주지, 출신학교, 선호 정보 등의 개인정보를 입력하는데, 페이스클록에서는 이들 정보를 공개할지 아니면 비밀로 유지할지 선택할 수 있도록 해준다.[31] 만약 정보 공개를 선택한다면, 해당 정보를 그대로 페이스북 서버로 전송한다. 반대로 비밀 유지를 선택한다면, 페이스클록은 그 정보를 암호화한 후 다른 서버에 저장한다. 이 정보는 페이스클록 플러그인으로 페이스북을 이용할 때 사용자가 허용한 친구에게만 나타난다. 페이스북은 이 정보에 접근할 수 없다.

정보 접근을 막는 효과적인 수단으로서 페이스클록이 갖는 두드러진 특징은 페이스북이나 권한 없는 이용자에게는 다른 곳에 저장된 진짜 데이터를 감추고, 페이스북이 요구하는 프로파일 항목에는 거짓 정보를 입력하는 식으로 기법을 파악하기 어렵게 난독화한다는 점이다. 페이스클록이 당신의 진짜 데이터를 비밀 서버로 더 많이 전송할수록 당신에 대한 사실과는 전혀 맞지 않지만 이름과 나이, 성별도 있는 그럴듯한 가상 인물로 페이스북을 속이게 된다. 그럴듯한 가상 인물의 가림막 덕분에 외부에는 난독화된 데이터를 보여주면서 내부에서는 진짜 친구들과의 긴밀한 관계를 유지할 수 있다.

2.16 라이크파밍 난독화: 조작 증거 숨기기

라이크파밍likefarming은 잘 알려진 마케팅 전략으로 페이스북에서 인기가 있는 것처럼 거짓 인식을 만들어내는 기법인데, 보통 개발도상국에 위치한 직원들이 돈을 받고 특정 상표나 제품을 대상으로 '좋아요'를 누르는 식이다. 현행 요금은 대략 '좋아요' 천 개당 몇 천원 수준이다.[32] 페이스북의 알고리즘은 '좋아요'가 많이 달린 글을 유명하다고 판단해서 페이스에 많이 노출해주기 때문에 이를 통해 공격적인 마케팅이 가능하다.

　페이스북처럼 복잡한 시스템에서는 라이크파밍을 알아채기 쉽다. 이 작업은 주로 평소에는 거의 활동하지 않던 계정들이 어느 순간 한 가지 사물, 또는 그것이 속한 제품군에 대해 미친듯이 '좋아요'를 누르는 식으로 동작한다. 좀 더 자연스럽게 보이기 위해 그들은 다양한 분야의 페이지에 '좋아요'를 누르는 방식의 난독화 전략을 쓰기도 한다. 페이스북은 사용자의 관심사 모델에 기반해 페이지를 추천하기 때문에 일반적으로 페이지 추천 피드에는 최신 것만 올라가기 때문이다.[33] 돈을 받고 한 페이지에 대해 조직적으로 '좋아요'를 누르면 '좋아요'가 분산돼 부정 행위를 숨길 수 있는데, 좀 이상하지만 별 특징이 없는 사람이 누른 것처럼 나타나게 된다. 라이크파밍은 다양한 동기로 난독화를 활용할 수 있음을 보여주는 예다. 즉 라이크파밍 난독화는 정치적 지배에 대한 저항이 아니라 돈을 받고 서비스를 제공하는 행위로서 이뤄진다.

2.17 URME 감시: 저항을 표현하는 '정체성 보철술'

예술가인 레오 셀바지오는 공공장소에서의 영상 감시와 얼굴 인식 소프트웨어가 갖는 함의에 대해 문제를 제기하고자 했다.[34] 그는 마스크 쓰기, 카메라 부수기, 서베일런스 카메라 플레이어 프로젝트의 방식대로 카메라 앞에서 주목을 끄는 행동하기 등의 다양한 저항 표출 행위를 생각해보다가 시위대 느낌이 나는 난독화 아이디어를 떠올렸다. 즉 그는 자신의 얼굴을 본뜬 마스크를 만들어 배포하기 시작했는데, 그 마스크를 다른 사람이 쓸 경우에도 페이스북의 얼굴 인식 소프트웨어가 그 사람을 레오로 인식할 정도로 정교하게 만들었다.

셀바지오는 프로젝트 설명에서 난독화를 명확하게 요약하고 있다. "누군가의 얼굴을 카메라로부터 감추거나 가리는 대신, 이 도구를 통해 나와는 다르지만 여전히 나의 것인 또 다른 정체성의 사람을 카메라에 보여줄 수 있다."

2.18 상반되는 증거 제작: 수사 교란하기

후안 호세 헤라디 코네데라 주교의 죽음에 대한 수사를 다룬 프란시스코 골드만의 책 『정치적 살인의 기술: 누가 주교를 죽였는가?』를 보면 증거물을 무용지물로 만들기 위해 난독화를 사용했다는 것을 알 수 있다.[35] 헤라디 주교는 1960년부터 1996년까지의 과테말라 내전 기간 동안 인권 수호 분야에서 매우 중요한 역할을 했으며 1998년 살해됐다.

골드만은 과테말라 군부 내에서 살인을 사주한 자들이 살인을 정당화하기 위해 빌인 길고 힘한 절차를 기록했는데, 그가 알게 된 것은 살인에 책임이 있는 수사 대상자들은 자신의 죄를 감추려고 거짓 증거를 만들어놓는 수준에서 멈추지 않았다는 것이다. 즉 누군가를 살인범으로 모는 것은 너무 뻔한 전술로, 조작된 증거 역시 거짓으로 판명될 가능성이 높았다. 그래서 그들은 오히려 더 많은 상반되는 증거와 너무 많은 증인 및 증언들, 너무 많은 가설이 가능한 이야기들을 만들어냈다. 이들의 목표는 빈틈없는 거짓말을 짜는 것이 아니라, 여러 가지 가능한 가설들을 제공해 수사관들이 과연 진실에 도달할 수 있을지 우려하다가 절망하도록 하는 방식이었다. 골드만의 표현을 빌리면, 주교의 살해를 둘러싼 정황은 '끝없이 이렇게도 저렇게도 활용될 수 있는 상황'을 만들어냈다. 즉 아무것도 밝혀낼 수 없는 쓸모없는 단서들과 수많은 확보된 증거들이 가득했고, 각각의 사실 관계들은 서로 어긋나 어느 쪽도 믿을 수 없었다. 골드만은 "너무 많은 증거들이 연결될 수 있었고, 실제로도 연결됐다."라고 기록하며 모호성의 위력을 강조했다.[36]

과테말라 군부의 악당들과 정보 기관은 정치 권력이나 자금, 물리력이나 협박 등 상황을 조작할 수 있는 수단이 많았다. 불투명한 상황이 계속된다는 관점에서는 정확한 결론을 내릴 수 없지만, 근본적인 목표는 명확히 보였다. 직접적으로 가장 중요한 상대인 수사관이나 판사, 기자들은 살해되거나, 협박 또는 매수 등에 노출됐다. 난독화된 증거와 그 외 자료들로 인해 더 많은 목격자들을 만나야 했고; 너무 많은 거짓 증언들로 인해 이미 조사 중인 모든 사건도 일일이 의심해야 하는 등 어떤 결론도 내리지 못한 채 의문만을 남기고 끝나게 됐다.

난독화 이해하기

3

왜 난독화가 필요한가

"현명한 사람은 나뭇잎을 어디에 숨길까?" "숲 속에 숨기겠지." "하지만 숲이 없다면 어떻게 할까?" "... 숲을 만들어서 나뭇잎을 숨기겠지."

『부러진 검의 의미』, G. K. 체스터튼

3.1 난독화에 대한 개괄

프라이버시는 복잡하고도 모순적이기까지 한 개념으로, 의미가 워낙 광범위해 어떤 때는 의도와 다른 의미로 해석되거나 거의 아무 의미 없이 쓰일 수도 있는 단어다. 프라이버시라는 표현은 법, 정책, 기술, 철학, 일상의 대화에서 널리 등장한다. 드롭다운 메뉴와 라디오 버튼으로 개인의 프라이버시 설정을 관리하는 웹사이트 대시보드에서부터 인간 사회의 발전에 관한 거창한 논의에 이르기까지 폭넓게 사용된다. 어떤 이들은 프라이버시가 구시대적인 개념이라고 말하기도 한다. 두 세기 동안 진행된 서구 산업화 시기, 시골 마을의 삶에서 소셜 미디어로 넘어가기 전까지의 그 공백기에 이례적으로 존재했던 특이한 개념이라는 것이다. 또한 프라이버시로 말미암아 인간은 자유롭게 사고하는 독립적인 개인으로서 발전할 수 있게 된다든가, 프라이버시는 부르주아적 위선과 불신의 표현이라든가, 프라이버시는 사회적 다양성에 대한 방어라든가….[1] 이는 단순히 프라이버시라는 단어의 용법을 보여주는 것이 아니다. 조금만 생각해보면 이러한 용법들 안에 여러 다른 개념이 포함돼 있음을 금세 알 수 있다. 말하자면 프라이버시라는 집에는 많은 방이 있다. 어떤 방은 가정 생활의 보전과, 어떤 방은 국가의 압제(현재 혹은 미래의), 어떤 방은 데이터의 유용성과 가치, 어떤 방은 익명 상태일 때만 밖으로 나올 수 있는 진정한 내면의 자아와 관련되며, 많은 방들이 다른 방과 서로 만나고 문을 통해 연결된다.[2] 이와 같은 개념적 다양성은 프라이버시를 생산하고, 실천하고, 보호하는 데 사용되는 전략, 실천, 기술, 전술로 이어진다.[3] 다른 곳에서는 이런 개념들 중 얼마나 많은 것들이 맥락적 통일성이라는 이름으로 통합될 수 있는지를 보여줬다. 그러나 이 책에서는 이러한 문제들이 구체적으로 분명하게 설명돼 있는 만큼 그런 문제들이 어떻게 연결되는지, 그리고 그에 따라 우리가 스스로를 어떻게 지킬 수 있을지 고민하고자 한다.[4]

이 장의 목적은 난독화가 무엇인지, 그리고 프라이버시와 관련한 이해관계들, 그러한 이해관계들에 대한 위협, 그런 위협들을 해결하기 위해 사용되는 방법들이 엮여 만들어내는 다양한 풍경에 난독화가 어떻게 적절히 녹아드는지 설명하는 것이다. 프라이버시는 다면적인 개념으로, 다양한 구조, 메커니즘, 규칙, 관행을 이용해 프라이버시를 형성하고 보호할 수 있다. 서랍장에 비유하자면, 프라이버시의 공구 상자를 열면 지역적, 국가적, 전지구적 차원의 정책과 법을 발견하게 된다. 암호화처럼 보안성이 입증된 기술들, 개인의 공개적 행위와 관행, 비밀 유지 책임이라는 사회적 시스템(예를 들어 기자, 신부, 의사, 변호사의 비밀 유지 책임 등), 심층 암호 시스템, 집단적 거부와 해당 공동체 구성원에 대한 침묵(오메르타)의 계율 등이다. 티모시 메이의 블랙넷Black Net을 생각해보자. '정부 실패'라는 장기적인 목표하에 이뤄지는 산업 스파이 활동과 군사 기밀 및 금지/기밀 문건의 유통을 촉진하는 정보 거래 시장에서 완전히 익명인, 그래서 추적과 과세가 불가능한 거래가 어떻게 이뤄지는지 설명하기 위해 암호화 기술을 적용한 사례다.[5] 미국 수정 헌법 4조에 근거해 통신 네트워크와 소셜 사이트를 위한 법적 보호책을 마련함으로써 시민 개개인의 권리와 공권력의 힘 사이에서 균형을 추구하기도 한다. 이러한 다양한 수단들과 함께, 그 자체로서도 독립된 프라이버시 보호 방법일 뿐만 아니라 목표에 따라 다른 방법들의 일부로 혹은 함께 나란히 사용될 수 있는 방법으로서 난독화를 추가하려고 한다. 우리는 난독화가 어떤 프라이버시 문제들에 대해서는 실행 가능성 있는 해결책임을, 어떤 문제들의 경우에는 최선의 해결책임을 독자들에게 보여주고자 한다.

난독화는 일단의 데이터를 더 모호하고 헷갈리게, 활용하기 힘들게, 그에 따라 행동하기 더 어렵게, 그리하여 더 가치 없게 만들기 위해 기존의 신호를 본뜬 잡음을 만들어내는 것이다. 이러한 활동을 일컫는 용어로 '난독화'라는 단어가 쓰이게 된 것은 난독화가 불분명함, 난해함, 당황스러움을 내포하기 때문이며, 사라짐이나 소거에 의존하는 방법들과 구분할 수 있게 해주기 때문이다. 난독화는 신호가 발생하면 어떤 식으로 감지될 수 있음을 전제로 하고, 관련 있고 유사하며 연관성 있는 신호들을 마구 쏟아냄으로써 개인들이 서로 뒤섞이고 어우러지는 가운데 그 안에 잠깐이나마 숨을 수 있는 무리를 만들어내는 방법이다.

G. K. 체스터튼의 단편 『부러진 검의 의미』 속 허구적 인물인 장군 아서 세인트 클레어 경을 생각해보자. 그의 부대는 잘못된 판단으로 적진을 공격했다가 전멸한다. 그와 같은 뛰어난 전략가가 어째서 유리한 위치에 있

는 적군을 상대로 불리할 게 뻔한 공격을 감행했을까? 체스터튼이 창조한 인물인 탐정 브라운 신부는 다음과 같은 질문으로 답을 대신한다. "현명한 사람은 돌멩이를 어디에 숨길까?" 친구가 답한다. "해변에 숨기겠지."[6] 브라운 신부는 숲 속에 나뭇잎을 숨기고는 말을 잇는다. "그럼 시체를 숨겨야 한다면 그 시체를 숨길 수 있는 많은 시체를 만들 테지. 자신의 비밀을 지키기 위해 클레어 장군은 한 사람을 죽였고, 그러고는 시체를 많이 만들어서 다른 시체들 사이에 숨긴 걸세. 우위에 있는 적의 포병부대를 급습하라는 명령을 내려 시체 더미를 만든 거라네."

브라운 신부의 수사학적인 이 질문은 2007년 한 특허 소송에서 제이콥 판사[Rt. Hon. Lord Justice Jacob]에 의해 다시 인용된다.

> "이제는 문건들을 세세히 검토해 문건 공개 여부를 결정하는 것보다 이런 식의 대량 공개를 하는 것이 비용 면에서 더 싸다고 할 수도 있을 것이다. 그리고 그 단계에서는 그냥 복사기나 CD 메이커에 한꺼번에 돌려버리면 되므로 더 쌀 수도 있는데, 특히 그 정도의 비용은 허용할 만한 수준이기 때문이다. 그러나 그것이 중요하지는 않다. 왜냐하면 이는 과잉 공개로 인해 발생하는 후속 비용으로, 이러한 비용은 너무도 많은 경우 너무 비용이 크고 따라서 의미가 없기 때문이다. 또 이런 지적을 할 수도 있다. 대규모 과잉 공개의 경우 정말로 중요한 문건을 놓칠 심각한 위험이 있다는 것이다. 현명한 사람이라면 나뭇잎을 어디에 숨기겠는가?"[7]

군인 시체에서 공개 문건에 이르기까지, 난독화의 묘미는 어떤 정보를 보지 못하게 하고 그 정보를 찾아보는 것의 비용이나 문제, 어려움을 가중하는 데 있다.

난독화는 위장술과 비교해보면 이해가 쉽다. 위장술은 대놓고 사라지기 위한 도구로 생각되는 때가 많다. 미 TV 애니메이션 시리즈 〈심슨 가족〉

의 한 장면을 예로 들어보자. 밀하우스는 위장용 복장을 입고 풀숲으로 숨어드는 상상을 한다. 보이는 건 안경과 웃을 때 드러나는 치아뿐이다.[8] 현실에서는 자연적인 위장술과 인위적인 위장술 모두 다양한 기법으로 다양한 목표를 위해 사용되며, 그중에서 완전히 감쪽같이 사라지기 위한 방법으로 사용되는 경우는 일부에 불과하다. 나머지는 파편적인 이미지들과 다른 것으로 혼동할 가능성을 흩뿌려서 테두리와 윤곽을 흐려놓고 방향성, 움직임을 숨기는, '형태에 혼란을 일으키는 방법'을 활용한다. 도다리가 모래 속에 몸을 파묻거나 문어가 피부색을 이용해 바위로 위장할 때처럼, 윤곽선을 흩뜨린다고 형태가 완전히 사라지는 것은 아니다. 움직이거나 자세를 바꾸거나, 아무튼 눈에 띌 수밖에 없을 때와 같이 감시를 피하는 것이 불가능한 상황에서, 의태와 보호색은 혼란을 일으켜 범위, 크기, 속도, 숫자 같은 것들에 대한 판단을 흐린다. 개인을 색출해 겨냥하기 힘들게 만들고 무리에 속한 구성원의 수를 헤아리기 어렵게 만든다. 군사적 목적으로 위장술을 활용한 많은 초기 사례들의 경우, 포대 같은 크고 숨기기 어려운 것의 위치를 상공에서 정확히 파악하기 어렵게 만드는 데 위장술이 쓰였다. 사라질 수 없는 상황에서, 그럴싸한 표적이나 목표물이 택했을 법한 이동 경로를 많이 만들어냄으로써 상대에게 혼란을 심어주고 귀한 시간을 벌 수 있게 된다. 난독화를 상징하는 동물이 있다면 (2장에서 언급한) 거미줄로 자기처럼 보이는 둥근 물체를 만드는 시클로사 멀메이넨시스 Cyclosa mulmeinensis라는 거미일 것이다. 이 거미는 자신처럼 보이는 가짜 미끼를 만들어 거미줄에 뿌려놓는다. 완벽하게 똑같지는 않지만 거미가 말벌의 공격을 받을 때 재빨리 몸을 숨길 수 있게 아주 잠깐의 시간을 벌어줄 만큼은 효과가 있다.

하나 로즈 셸Hanna Rose Shell이 쓴 위장술의 역사에 대한 책 『숨바꼭질: 위장, 사진, 르네상스의 매체』는 '위장 의식'이라는 주제를 파고든다. 위장 의

식이란 인간이라면 누구나 저항해야 하는 감시 기술이 있다고 할 때, 존재하고 행동하는 방식이 그의 내면에서 인식하는 감시 기술의 모델에 기초한다는 개념이다.[9] 셸은 무늬를 만들어내는 위장 전문가, 군인 훈련 전문가, 전장의 군인들은 쌍안경, 소총의 망원 조준 장치, 사진 카메라와 영화 카메라, 비행기, 정찰기, 위성에 보이는지 여부를 통제하고 잘 잡히지 않도록 하는 방식으로 행동하려 한 것이라고 주장한다. 여기에는 연구, 추정치, 모델링, 짐작을 총동원해 감시 기술의 허점과 한계를 이용하는 것이 포함됐다. 의태를 이용해 완벽히 사라지는 것을 추구하든, 애매하고 헷갈리는, 그럴싸하게 비슷한 다른 형태들이 산더미처럼 쌓인 가운데 그 속에 어떤 형태를 숨기는 임시 방편이든, 위장술은 저항의 대상이 되는 기술의 능력을 고려한 것이었다.

이 책에서 다루고자 하는 종류의 난독화는 데이터 난독화 또는 정보 난독화라는 형태의 난독화며, 그러한 난독화가 디자이너, 개발자, 시민 활동가들에게 실질적으로 어떤 유용성을 갖는지를 보여주고자 한다. 그런 형태의 난독화의 도덕적, 윤리적 역할을 이해한다는 것은 그런 난독화가 방해하는 대상이 되는 데이터 습득 및 데이터 분석 기술을 이해한다는 것이다. 또한 그와 관련한 위협 모델, 목표, 제약이 무엇인지 이해한다는 뜻이다. 난독화는 프라이버시의 구축과 방어를 위한 여러 가지 도구 중 하나며, 따라서 다른 모든 도구들과 마찬가지로 그것이 수행할 수 있는 목적과 해결할 수 있는 문제점에 맞춰 연마된다. 이런 문제들의 본질을 설명하기 위해 정보 비대칭이라는 개념을 소개하고자 한다.

3.2 정보 비대칭의 이해: 지식과 권력

이 시점에서, 도날드 럼스펠드가 이라크 침공을 앞두고 위험 계산법을 복잡하게 설명한 유명한 말을 떠올려보자. "알려진 지식, 즉 우리가 안다는 것을 알고 있는 것이 있고, 알려진 무지, 즉 우리가 모른다는 것을 알고 있는 것이 있으며, 모르는 무지, 즉 우리가 모른다는 것도 모르는 것이 있습니다."[10] 의도적으로 만든 논리 퍼즐처럼 보이는 이 설명은 위험을 뚜렷하게 다른 세 가지 범주로 구분한다. 가로등에 설치된 감시 카메라나 복도 천장에 설치된 돔 모양의 유리 거울에 감춰진 감시 카메라를 보며 우리는 자신의 모습이 녹화되고 있다는 사실을 안다. 녹화물이 현장으로만 전송되는지, 인터넷을 통해 멀리 떨어진 어딘가로도 전송되고 있는지는 우리가 모른다는 점을 안다. 또 그 녹화물이 얼마나 오래 저장될지, 또 그것을 볼 권한을 누가 갖는지는 모른다는 점도 안다. 실시간으로 경비원만 볼지, 보험금 청구가 있을 때 보험사 조사원이 볼지, 아니면 경찰도 볼지에 대해서는 모른다는 것을 알고 있는 것이다.

그리고 CCTV 녹화처럼 아주 간단해 보이는 어떤 것에 대해 모른다는 것조차도 모르는, 앞의 두 경우보다 훨씬 큰 범주의 위험이 존재한다. 녹화된 화면이 예를 들면 얼굴 인식이나 걸음걸이 인식 소프트웨어 같은 것을 통해 분석될 수 있는지, 시간 코드가 신용카드 구매 건이라든가 내가 방금 타고 내린 자동차 번호판과 연결될 수 있는지는 모른다. 사실, 개인적으로 프라이버시 운동이나 보안 공학에 몸담은 사람이 아니고서는 그런 점들을 모른다는 것조차도 모른다. 우리는 동영상 파일이 심문할 범죄자나 테러리스트 용의자를 식별하기 위한 인구통계학적 예측 도구로 분석되지 않을 것이라고는 확신할 수 없다는 것을 알지 못한다(이 문장을 읽은 독자는 도대체 무슨 말인가 싶겠지만, 이 문장의 삼중 부정은 겹겹이 쌓인 불확실성을 정확하게 드러내는 표현이다). 이는 단지 CCTV 카메라 하나에 불과할 뿐, 동영상은 유무선으로 전송돼 어딘가에 있는 어느 하드 드라이브에 다다르기야 하겠지만 아마 또 어딘가에 백업될 테고, 그 과정이 어느 관할권, 어느 조건, 어느 사업 계약하에서 이뤄지는지도 알 수 없다. 신용카드로 구매하고, 이메일 리스트에 가입하고, 스마트폰 앱을 다운로드하고(이때 "이 앱이 당신의 연락처에 대한 접근을 요청합니다."라고 동의를 구하는 메시지가 뜨면 아무 생각 없이 확인 버튼을 누르지 않는가?), 합리적이고 타당한 요청에 따라 우편 번호나 생일, 개인 식별 번호를 제공하는 것처럼 전 세계에서 밤낮없이 이뤄지는 온갖 온라인 활동마다 이 똑같은 과정이 반복된다고 생각하면 그 양은 실로 어마어마하다.

정보 수집이 비대칭적 권력 관계에서 일어난다는 것은 확실하다. 우리는 감시를 받을지 말지에 대해, 수집된 정보가 어떻게 처리되는지에 대해, 그 정보로부터 나온 결론에 기초해 우리에게 어떤 일이 벌어질지에 대해 우리가 선택할 수 있는 여지는 거의 없다. 기차를 타거나, 전화를 걸거나, 주차장을 이용하거나, 식료품을 사려고만 해도 정보 수집의 대상이 되며 그 정보를 구성하는 요소들에 대한 통제력을 일부 혹은 전부 포기하게 된다. 그러나 그마저도 분명한 합의에 따라 이뤄지는 경우는 거의 없다. 중요한 자료를 받거나 시민으로서의 삶을 누리려면 어떤 양식을 작성해야만 하고, 업무에 필요한 소프트웨어를 사용하기 위해 부담스러운 서비스 약관에 동의해야만 할 것이다. 게다가 그런 것들이 아니어도 기반 시설에서 개인에 관한 데이터를 이미 기본적으로 수집하고 있다. 난독화는 이러한 권력 비대칭의 문제와 관련이 있다. 위장술과의 비교에서 알 수 있듯, 감시를 쉽게 벗어나지 못하지만 움직이고 행동해야만 하는 상황에 맞는 접근 방식이다. 하지만 이 권력 비대칭의 문제는 정보 수집의 표면적 측면일 뿐이다. 두 번째 측면인 정보 또는 지식 비대칭은 더 뿌리 깊고 치명적인 문제며, 프라이버시를 지키기 위한 난독화 방식의 개발에 더 많은 역할을 한다.

브래드 템플턴 전자프론티어재단[EFF] 이사장은 '미래로부터 온 시간 여행 로봇'[11]의 위험에 대해 이야기해왔다. 오늘날에 비해 더 강력한 하드웨어와 정교한 소프트웨어로 무장하고 시간에 맞춰 과거로 돌아와 돌연 우리를 전면적인 감시 아래에 몰아넣는다는 것이다. 그들은 우리 삶에서 따로 떨어져 있는 (내 생각에는 '조심스러운') 점들을 연결하고, 우리의 사적 경험의 흐름을 너무도 분명하고 너무도 인간적인 패턴으로 돌려놓고, 강력한 분석의 빛을 과거의 어두운 구석에 비춘다. 미래로부터 온 이 로봇은 광고주, 산업, 정부, 이해관계자 등 돈만 있으면 누구든 고용할 수 있는 용병이다. 그들이 우리의 역사를 수집하고 모으는 동안 우리는 속수무책으로 당할 수밖에 없다. 그들과 달리 우리는 시간을 여행해 과거의 행동을 바꿀 수 없기 때문이다.

템플턴의 이야기는 그러나 공상 과학 소설이 아니다. 우리는 매일 엄청난 양의 데이터를 생산한다. 그런 데이터는 무한정 존재하고, 그 데이터를 서로 잇고 분석할 수 있는 기술은 나날이 발전한다. 우리가 한때 사적인 것이라고 생각했던 것이 (그런 것에 대해 생각하긴 했는지 모르겠지만) 공개되고 드러나고 새로운 기술에 의미 있는 정보가 된다. 이는 우리가 프라이버시와 자율을 현실에서 실천할 때 그 방식을 결정하는 정보 비대칭의 한 가지 특성을 나타낸다. 우리는 가까운 미래의 알고리즘, 기법, 하드웨어, 데이터베이스가 우리의 데이터로 무엇을 할 수 있을지 모른다. 소소한 일상에서 세금, 보험료, 자본에 대한 접근, 이동의 자유, 혹은 블랙리스트에 오를지 말지를 결정할 수 있는 요소에 이르기까지 의미 없는 정보로 분류되던 것들이 갈수록 의미 있는 정보의 영역으로 넘어가고 있다.

이는 우리가 아직 알지 못하는 미래다. 하지만 현재의 우리에게 영향을 미치는 정보 비대칭도 있다. 우리에 대한 정보는 가치 있는 정보로 이곳저곳으로 옮겨진다. 우리에 대해 수집된 정보를 가진 회사는 그 정보를 다른 상이한 기록들(통화 기록, 구매 기록, 개인 식별 정보, 인구 등록 정보, 소셜 네트워크 활동, 지리 위치 데이터)과 연결하고, 그다음에는 그 정보를 포장해 다른 기업에 팔 수도 있다. 혹은 정부의 요청이나 소환에 응해 그런 정보를 넘겨줄 수 있다. 회사 경영진이 정보를 공개하지 않는다고 약속하더라도, 파산 후에는 자산 명세서에 포함돼 자산으로 다른 업체에 취득 혹은 매각될 수 있다.

저명한 데이터 마이닝 이론가 탈 자르스키는 비대칭을 더욱 심화하는 또 다른 도구인 예측 소프트웨어의 교묘한 덫에 대해 이야기해왔다. 예측 시스템은 존재하는 대량의 데이터 세트를 토대로 인간 활동을 예측한다. 정확하든 정확하지 않든 그렇게 해서 나온 예측은 결정을 내리고 강압적인 결과를 내는 데 사용되며, 사람들은 성과를 내지 못한 부분에 대해 처벌이나 보상을 받게 된다. 당연히 차별과 조작이 발생할 가능성이 다분하다. 그러나 자르스키가 설명하듯, 이런 우려에는 또 다른 차원의 문제가 있다. "인간의 언어로 설명할 수 없는 데이터 마이닝 분석 후에는 해석이 불가능한 과정이 뒤따를 수 있다. 여기서 소프트웨어는 여러 가지(심지어 수천 가지의) 변수에 기초해 선택에 대한 결정을 내린다. (중략) 어떤 사람이 자동 추천 시스템에 의해 특별 대우 대상으로 선별되는 이유가 무엇인지 질문하면 정부로서는 자세한 대답을 하기가 어려울 것이다. 정부가 할 수 있는 최선의 대답은 그것이 이전 사례에 기초해 알고리즘이 내린 결론이라는 것이다."[12]

솔론 바로카스는 이러한 생각에서 더 나아가, 우리가 데이터 수집, 분석, 예측 모델링, 즉 요즘 흔히 부르는 말로 '빅데이터'에 얼마나 취약한지를 지적한다. 빅데이터 방식은 우리가 자발적으로 공유한, 혹은 어쩔 수 없이 제공한 정보를 가져다가, 추론을 바탕으로 거의 아무도, 적어도 그 수집의 대상이 되는 개개인의 데이터 주체들은 예상하지 못했을 지식을 만들어낸다.[13] 단순히 어떤 결정이 이뤄지고 실행에 옮겨지는 문제가 아니다. 우리는 사실 어떤 결정이 왜 이뤄지고 실행에 옮겨지는지를 안다고 완전히 확신할 수조차 없다. 데이터 수집의 이와 같이 절대 알 수 없는 궁극적인 무지로 인해, 결정권자도 어떤 결정이 왜 이뤄지고 왜 실행되는지 모르기 때문이다. 우리는 불투명한 운영의 내막에 대해 짐작만 할 뿐이다. 판단이 이뤄지는 근거도 알 수 없다. 정보 비대칭 상태에 있는 것이다.

이러한 주장은 그러나 우리가 모르는(사실 알 수 없는) 것에 일부 기초하고 있다는 점에서 다소 추상적인 주장에 그칠 위험이 있다. 그러나 위험이라는 주제로 잠깐 눈을 돌려봄으로써, 이 주장을 아주 구체적인 것으로 만들고, 정보 비대칭 문제의 다른 측면을 논의할 수 있을 것이다. '신용 위험'이라는 말에서의 '위험'에 대해 생각해보자. 조쉬 라우어의 연구에서 보듯 신용 관리는 데이터 수집, 자료 생산, 데이터 마이닝의 역사에서 매우 중요했다.[14] 19세기 미국의 상업 및 사회 질서의 변화에 따라, 기업들은 이전에는 신용과 위험 계산에 포함했던 '개인적 친분과 사회적 평판'을 고려하지 않고 고객에게 신용을 발행해야만 했다. '개인적 친분과 사회적 평판' 대신, 기업들은 개인이 대출, 보험, 임차, 그 밖의 위험도 높은 금융 활동을 할 수 있을지 충분한 정보에 기초해 판단하는 데 사용 가능한 데이터를 수집하기 위해 신용 조사 기관의 힘을 빌렸다. 1920년대 후반에 이르자 신용 조사 기관들이 낸 보고서 및 분석이 모여 규모 면에서 미 정부에 의해 실시된 그 어떤 미국 내 프로젝트보다도 큰 사적 감시 체계가 형성됐다. 이러한 변화는 몇 가지 중대한 결과를 가져왔는데, 그중에는 인성 검사가 개인의 '재정 신원'의 증명 자료로 의무적으로 포함된 것과 집적된 데이터를 위한 새로운 사용처가 개발됨에 따른 표적 마케팅의 부상이 있다. 그중 한 가지 결과는 특히 이 책이 주장하는 바와 관련이 있다. 디지털 데이터베이스와 도구들의 등장으로 본격적으로 활용되기 시작한 그 결과란, 신용 평가의 위험을 줄여주는 것은 맞지만 어떤 상황에서는 위험을 외부로 확장하기도 한다는 것이다. (이러한 결과는 안소니 기든의 '대량 생산된 위험'에 해당되는 것으로, 근대화 과정에 의해 위험이 완화되는 것이 아니라 오히려 대량 생산되고, 그에 따라 새로운 위험 완화 시스템을 필요로 한다는 것이다.[15])

고객과 신용 거래를 트는 대출 기관, 보험 회사, 기업의 위험을 줄이는 대신 그 과정에서 고객인 개인의 위험은 늘어난다. 그 위험 중 하나는 명의 도용의 위험이다. 백화점이 어느 업체와 하청 계약을 맺었든, 고객으로서는 문제없는 보안 관리를 위해 군말 없이 그 업체를 믿는 수밖에 없다. 또 다른 위험은 의도된 용도 이외의 목적으로 사용될 위험으로, 상점이 수상한 데이터 브로커에게 데이터를 팔아넘기거나, 협력사와 데이터를 공유하거나, 회사 전체가 데이터에 접근할 수 있게 허용하거나, 어떤 대규모 데이터 수집 프로젝트 과정에서 정부가 무차별적으로 데이터를 수집하도록 허용하거나 하는 것이다. 공정 거래일 수도 있겠지만, 데이터 수집과 관련한 위험은 사라지지 않는다는 점을 기억해야 한다. 즉 데이터를 가진 주체들에 의해 새로운 형태의 위험이 생겨나고 외현화된다는 것이다. 그러한 위험들은 데이터 수집의 대상이 된 개인, 그리고 그 개인의 데이터를 바탕으로 더 잘 분석하고 이해할 수 있게 될 또 다른 개인들이 부담하게 될 것이다. 더 큰 규모에서는 보안이라는 명분으로 정부가 감시와 데이터 수집 프로젝트에 착수할 때 정부는 언제나 국가가 반드시 막아야 할 어떤 종류의 위험으로부터 보호하기 위한 조치라고 말하지만, 그런 조치는 시민이 그 위험을 부담해야 하는 또 다른 종류의 위험을 만들어낸다. 이의 제기가 억압될 위험, 정당한 반대가 탄압받을 위험, 혹은 단순히 사고가 발생하고 무고한 사람들이 억류되고 추적당하고 노출되고 처벌받을 위험이다. 그리고 이런 경우에 수집되는 정보의 양과 세부 내용을 늘리면 어떤 이들에게는 위험이 줄지만 대신 다른 사람들의 위험은 늘어난다. 이러한 정보 비대칭의 경험을 우리는 매일같이 접하며, 어떤 형태의 난독화가 이를 바로잡는 데 도움이 될 수 있다고 믿는다.

'그들'(혹은 다양한 '그들')은 우리에 대해 많은 것을 알고 있지만, 우리는 그들에 대해, 혹은 그들이 무엇을 할 수 있는지에 대해 거의 알지 못한다. 지식, 권력, 위험이 너무나 비대칭적인 상황으로 인해 효과적인 대응책을 수립하기가 어렵고, 하물며 그 실행은 더 어렵다. 동네 사람들끼리 서로 대소사를 시시콜콜 아는 작은 마을에서 신부님이나 호사가 같은 일부 사람들이 조금 더 아는 게 많은 그런 정도의 비대칭 문제를 말하는 게 아니다. 그 차이는 바로 비대칭의 집중 때문이다. 즉 우리에 대해 아는 존재가 우리를 지배하기 때문이다. 그들이 우리의 취업을 거부하고, 신용을 박탈하고, 이동을 제한하고, 주거, 소속, 교육을 차단하며, 좋은 삶을 누릴 기회를 제한할 수 있기 때문이다.

3.3 '거부'라는 환상

물론 그럼에도 우리는 이런 비대칭적 관계에 참여하는 쪽을 택한다. 이런 형태의 데이터 수집은 대부분의 경우 불리한 서비스 약관을 제공하고 잘못을 저지른다고 알려져 있는 서비스나 기관들을 이용한 개인에게도 일정 부분 책임이 있다. 정부 기관과 민간 서비스가 보안을 유지하고 사용자에 의해 생산된 소중한 데이터를 보관하려고 노력할 때도 모든 잘못을 그들의 탓으로 돌리는 것은 부당하지 않을까? 이렇게 되면 사용자가 한 선택에 대한 위험과 책임을 서비스 공급자에게 다 떠넘겨 사용자들을 전형적인 도덕적 해이에 몰아넣는 것 아닐까? 사실 사용자가 어떤 시스템에 동의하지 않는다면 그냥 그 시스템을 떠나면 되는 것 아닌가?

그냥 떠난다는 것이 얼마나 터무니없는 이야기인지를 이해하려면, 민주적 통치 체계를 갖춘 안정적인 어느 국가의 대도시에 사는 꽤 평범한 사람의 어느 하루를 그려보자. 그는 감옥이나 보호 시설에 있지도 않고, 반체제 인사나 국가의 적도 아니지만, 영원히 극도로 숨막히는 철저한 감시를 받으며 살아간다. 아파트를 나서는 순간부터 카메라가 그를 찍는다. 복도에서, 아파트 엘리베이터에서, 은행 밖 ATM을 사용할 때(인출 내역과 인출 시각까지 클로즈업 사진으로 남는다.), 가게를 지나 횡단보도 앞에서 기다릴 때, 지하철역에서, 지하철 안에서, 로비에서, 엘리베이터에서, 사무실 자리에서 모든 순간이 촬영된다. 이 모든 것이 불과 점심 시간 전의 일일 뿐이다. 아파트 밖의 그 도시에서의 그의 일거수일투족을 모아 몽타주를 만들 수 있으며, 혹시라도 운동량 추적 기기까지 차고 다닌다면 매 걸음까지도 기록된다. 그러나 그런 몽타주도 거의 필요가 없다. 휴대전화가 이동 중에도 연결이 끊어지지 않도록 기지국과 안테나를 찾는 일상적인 작업을 수행하면서 그의 위치와 이동에 대해 끊임없이 기록을 남기기 때문이다. 휴대전화 수신 불가 지역에 있는 상황도 빠짐없이 고려된다. 지하철 패스가 그의 개찰구 통과 시간을 기록하고, 무선식별^{RFID} 출입증은 그가 사무실 건물에 들어설 때 기록을 남긴다(운전자일 경우 전자요금징수기가 비슷한 역할을 한다. 번호판 자동 인식 기술도 마찬가지다). 아파트에 스마트 그리드 기술이 도입된 경우 전력소비량이 급증하는 시간을 보면 그가 정확히 언제 일어나고 활동하는지, 언제 전등과 환풍기를 켜고 전자레인지와 커피메이커를 사용하는지 알 수 있다.

떠난다는 문제로 돌아가기 전에 앞 단락에서 언급된 시스템이 이 가상 인물의 일상에 얼마나 철저히 파고들어 있는가를 생각해보자. 단순히 매일매일의 출입 기록의 수준을 넘어, 그보다 훨씬 더 심각하게 침투해있다. 그를 관찰하는 사람은 그의 사회적 친분 관계와 가족 관계, 힘든 일과 관심사, 신념과 약속들에 대해 수사적 관점에서 자세한 정보를 조합해낼 수 있다. 아마존^{Amazon} 구매 기록, 킨들^{kindle} 이북에서 밑줄 친 문장, 약국과 슈퍼마켓의 포인트 적립카드에 연결된 구매 기록, 지메일^Gmail^ 메타데이터와 채팅 기록, 공공 도서관에서의 검색 기록과 대출 기록, 넷플릭스에서 시청한 영화, 페이스북과 트위터, 데이트 사이트, 그 밖의 소셜 네트워크에서의 활동으로부터 아주 구체적이고 개인적인 신상이 뚜렷하게 드러난다. 주머니 속 휴대폰, 손목에 찬 운동량 추적 기기, 자동차에 설치된 사고 기록 장치가 이동 중에도 그를 뒤쫓는다. 그 데이터가 일부라도 수집돼 다른 사람들의 데이터와 연결되면 성별, 나이 등의 인구학적 정보를 상당히 정확하게 추측해낼 수 있다. 수십 년 전이었다면 비밀경찰도 부러워할 만큼 속속들이 감시 대상에 대해 알 수 있을 뿐더러, 감시 대상이 자기 자신을 알아서 감시해주기 때문에 상대적으로 적은 노력이 든다.

여기서 설명하는 철저한 감시 장치가 계획적이고 중앙통제적이며 노골적인, 이 카메라에서 저 카메라로 표적을 따라다니며 감시하는 빅브라더 ^Big\ Brother^ 식의 감시 기계라면, 이러한 감시에 저항하는 반란이 있을 수밖에 없고, 그런 전체주의적 현미경 밖의 한 인간의 삶을 상상할 수 있을 것이다. 그러나 우리가 당하는 감시와 기록의 방식이 역사적으로 어느 때의 어느 인물과 비교해도 거의 비슷한 수준이라면, 현재 우리의 상황은 벽이나 창살, 감시자가 없지만 달아나기 어려운 감옥이라 할 수 있다.

여기서 다시 '거부^opt-out^'의 문제로 돌아가보자. 감옥이나 원형 교도소 등의 수사적 비유를 들기는 했지만, 여기서 설명하고 있는 종류의 데이터 수집, 즉 난독화가 그 한 가지 대응책이 될 수 있는 종류의 데이터 수집은 민주 국가에서는 여전히 이론적으로는 자발적으로 이뤄진다. 그러나 거부할 경우 감당해야 하는 대가가 크고, 그 대가는 갈수록 커지고 있다. 분열적인 사회적 고립 속에 살면서 길거리의 아무 공중전화나 사용하고(뉴욕시에서는 불과 5년 전에 비해 절반으로 줄었다.) 극히 한정된 고용 형태의 일자리만을 수락할 수 있고, 사업 및 상업 지역에서 멀리 떨어진 지역에서 많은 형태의 신용, 보험, 그 밖의 중요 금융 상품을 이용할 수 없는 환경에서 살아가며, 통행료를 낼 때도 현금 지불 줄에서 오래 기다려야 하고, 식료품점에서 비싸게 물건을 사야 하고, 비행기에서 안 좋은 좌석에 앉는 등, 소소한 불편을 감수해야 함은 물론이다. 여기서 정보의 공개가 명시되지 않은 가격인 셈이다.[16] 모든 사람이 원칙대로 살기는 불가능하다. 현실적으로는 많은 사람들이 비대칭적 관계에서 타협해야만 하고, 그에 반해 바라는 통제력이나 합의는 보장받지 못한다. 21세기를 살아가는 사람들이 매일 부딪히는 이러한 상황에서도 저항, 반론, 자율이 가능한 공간을 마련할 방법은 여전히 있다. 그 방법들은 약자의 무기다.

3.4 약자의 무기: 난독화가 할 수 있는 것

정치학자 제임스 C. 스콧은 말레이시아의 한 마을을 찾았고, 편의상 '세다카'라는 이름을 붙인 이 마을에서 연구를 진행한다. 역사학자, 인류학자, 분야와 입장을 막론한 다양한 운동가들이 고민해온 질문에 대한 답을 찾기 위해서였다. 바로 '투표, 돈, 폭력 등 흔히 생각하는 정치적 수단이 없는 사람들은 어떻게 저항할까?'라는 질문이었다.[17] 농부, 소작인, 부역자는 노동을 착취당하고 곡식, 현금, 다양한 형태의 부채, 혹은 보상 없이 일하느라 빼앗긴 시간이든 간에 노동으로부터 나온 잉여를 빼앗긴다. 그렇게 착취하는 세력에게 농부들이 감히 맞설 수 있는 경우는 극히 드물다. 부당한 처우에 맞서 극적이고 역사적으로 기억될 만한 행동을 감행하기 위해 이들이 활용할 수 있는 자원은 도심의 산업 숙련 노동자들에 비해 적다. 스콧은 실증적인 질문에 관심이 있었다. '누가 봐도 부당한 행동 앞에서 농부들은 어떻게 대응하는가?'라는 질문이었다. 그 답은 행동을 취하고 대거리하는 평범하고 일상적인, 매우 현실적인 방법들이었다. 스콧은 '약자의 무기'라는 이름으로 이러한 방법들을 모았다. 이 방법들은 저항하는 경우나 받아들이는 것과 딱 잘라 거절하는 것 사이의 균형을 결정할 자율성을 어느 정도 유지하는 경우를 보여주는 풍부하고 다양한 사례들에 포함되는 것으로서, 감시와 관련해서는 특히 개리 막스의 연구에서 자세히 다루고 있다.[18]

　당연한 이야기지만 그래도 다시 한 번 말하자면, 우리는 스콧이 시간순으로 사례를 수집한 사람들과 일반적인 난독화 사용자들을 일대일로 비교하려는 것은 아니다. 또 난독화를 스콧의 개념과 사실상 동일한 한계점들과 특성들을 갖는 것으로 보지는 않는다. 이 책의 목적을 위해 우리는 스콧의 주장에서 다루고 있는 근본적인 주제들에서 영감을 얻었다. 바로, 우리가 정보와 권력 비대칭의 격차가 큰 사람들과 기관들 사이의 불가피한 관계라는 맥락 속에서 난독화의 행위들을 더 잘 이해할 수 있다는 것이다. 먼저, 스콧이 관찰한 방법들과 여러 난독화 방법 등 이러한 많은 '무기들'이 필연적으로 규모가 작고, 부수적 수단으로 사용된다는 점을 발견했다. 이는 단번에 세상을 뒤엎는 전복적인 혁명이 아니라, 진행 중이며 가능성이 열려 있는 일련의 사회적, 정치적 합의들 안에서 그런 무기가 어떤 역할을 하는지 보여준다. 불공평한 토지 분배에 맞서 분연히 들고 일어나는 대신, 무단 점거나 침입의 방법을 택한다. 좀도둑질과 슬쩍 속임수를 쓰는 수준의 사기(거대 유통업체들이 완곡한 표현으로 '물품 축소merchandise shrinkage'라고 부르는 현상)는 필요한 자원의 재분배를 조금 다른 관점에서 아주 작은 규모로 실행하는 것이다. 명령에 대해서는 영화에서처럼 극적으로 거부하는 대신 지체하고, 지연시키고, 시치미 떼고, 일부러 잘 모르는 척하고, 준수하는 척만 하는 것으로 대응한다. 마지막으로, 그리고 이 책의 목적에서 가장 중요한 것으로, 노골적인 대거리나 '여기 있으니 덤벼봐라.'라는 식의 영웅주의적인 말 대신, 스콧이 '숨겨진 대본hidden transcript'이라고 정

의한 얼버무리는 투덜거림, 험담, 중상모략이 있다.[19]

이 책의 독자들은 누구나 아마 (직업적으로, 가족 내에서, 법적으로, 종교적으로, 혹은 그 밖에 다른 기준에서) 윗사람 앞에서는 차마 아무 말 못하고 뒤돌아서서 소심하게 들릴 듯 말 듯하게 반대 의견을 중얼거려봤을 것이다. 어쩌면 반대하는 마음은 순전히 마음속에서 일어날 수도 있다. 아니면 혼잣말인양 거의 들릴 듯 말 듯한 작은 소리로 중얼거리기나 할 것이다. 어쩌면 소규모 집단 안에서 자기들끼리만 공유할 수도 있다. (스콧이 지적하듯, 권력 집단에도 숨겨진 대본이 있는데, 권력을 모으고 유지하는 방법으로서, 일반적으로 논의되거나 공개될 수 없는 방법이다.) 직장에서 이의를 표현하는 방법은 꼭 대놓고 말하지 않더라도 권력을 비판할 수 있게 해주는 험담, 농담, 일화, 이야기와 같은 형태일 수 있다. 반대는 심지어 다른 목적을 달성하는 바로 그 순간에도 말하는 사람의 품위와 상대적 자율성이 존재할 수 있는 공간을 만들어준다. 겉으로 드러나는 모습이 그 사람의 참모습이 아니라는 것을 넌지시 내비치는 것이다.

이러한 개략적인 밑그림을 바탕으로, 몇 가지 뚜렷한 차이점을 언급하고자 한다. 스콧이 연구한 농부를 브라우저 확장 프로그램을 설치하거나 토르 중계 서버를 돌리는 난독화 행위자와 비교하는 것은 어떻게 비유하더라도 타당하지 않다. 구조와 인프라 등 그들이 각각 사용할 수 있는 자원의 폭과, 그들이 직면하는 강압과 통제 메커니즘을 고려하면 단순 비교가 불가능하다. 그러나 이 책에서 요약한 바와 같이, 스콧의 성과 중 하나는 억압과 강압에 대해 우리가 고려할 만한 대응의 스펙트럼을 넓혔다는 것이다. 무장 봉기를 일으켜 들고 일어나든가, 그렇지 못할 바엔 잠자코 있어야 하는 것이 아니다. 권력, 부, 지위, 그 밖에 개인에게 자율과 보상을 보장해주는 요소들에 대한 접근성의 격차가 너무나 크긴 하지만, 우리는 정작 할 수 있을 때, 할 수 있는 상황이 되면 다음으로 미룬다. 이러한 논지를 이어, 우리는 디지털 프라이버시에 대해 끊임없이 반복되는 한 가지 질문을 던져볼 수 있다. 왜 사람들은 강력하고 신뢰할 만한 것으로 입증되고 공개 감사가 이뤄지는 탄탄한 보호 시스템을 사용하지 않을까? 예를 들면 메시지에 종단 간 공개키 암호화 기술 같은 '강한' 암호화 기술을 사용하지 않느냐는 것이다. 왜 최적의 시스템을 사용하지 않는 것일까?

그런 시스템을 사용하지 말라고 이야기하려는 것은 아니다. 실은 그 반대다! 그러나 그런 강력한 시스템, 최적의 시스템이 가능하지 않거나 사용할 수 없거나 바람직하지 않거나, 아니면 그 세 가지 경우 중 여럿에 해당되는 때 상황, 사람들, 사건들이 있다. 우리가 어쩔 수 없이 노출될 수밖에 없는 상황, 혹은 노출될 필요가 있거나 노출되길 원하게 되는 그런 상황들이 생기며(친구에게든 동료에게든, 혹은 공개적인 항의나 공개적 입장 표명의 행위로서), 그럼에도 우리는 자신의 흔적을 가능한 한 흐릿하게 지우고 싶어 한다. 때로 우리는 자신의 데이터가 수집되는 것에 대해 선택권이 없을 때도 있고, 따라서 (정말로 막아야겠다는 생각이 확고하게 들면) 데이터 수집을 방해하는 것이 나을 수 있다. 정부 일을 하거나 소프트웨어를 개발하는 경우, 서비스를 제공하기 위해 데이터를 수집하겠지만 사용자를 공정하게 대하고 미래에 어느 집단이 우리 선의의 취지를 공감하지 않을 것에 대비해 그들로부터 사용자의 이익을 보호하려고 한다. 그런 제약이 있는 순간들에 우리는 종종 더 취약한 시스템, 혹은 강력한 시스템이지만 몇 가지 취약점이 있는 시스템들을 떠나지 못하고 쓸 수밖에 없으며, 우리 자신이 '약자'가 되고 만다.

우리는 스콧의 논지를 따라가면서도 데이터 감시 및 난독화와 관련된 상황에 대한 대응 방식의 종류를 넓히는 차원에서 그의 작업을 약간 다른 방향에서 접근해보고자 한다. 난독화 방식은 활용 가능성이 매우 크다. 기존의 강력한 프라이버시 시스템을 강화하는 측면에서든, 특정한 행위를 감출 때든, 적의 활동을 미묘하게 힘들게 만드는 측면에서든, 혹은 심지어 불만과 거부를 표하는 '단순한 제스처'로서든 간에 유용하게 활용될 수 있는 잠재력이 있다. 난독화 방식은 다양한 행위자들이 저항과 도피를 위해 사용할 수 있는, 그중에서도 다른 방법을 사용할 수 없거나 다른 방법을 더욱 보완하고 싶은 행위자들에게 특히 중요한, 강력한 메시지를 전달하면서 기능적으로도 실용적인 방법을 제공한다. 그래서 우리가 '약자의 무기'라는 개념을 적용하는 것이다.

다음 절에서 난독화가 유용하게 쓰일 수 있는 상황의 종류를 다루기에 앞서, 혼동을 피하기 위해 한 가지 설명이 추가로 필요할 것 같다. '강력한' 힘을 가진 통제자들도 난독화 기술을 사용할 수 있고 또 실제로 사용한다는 것이다. 지금까지 이 책에서 인용된 일부 사례들을 생각해보자. 소송에서 기업의 과도한 문건 공개, 기업들의 반경쟁적 술수, 증거 날조, 군사 위장 기술 등이다. 약자에게는 노출되지 않고 감시받지 않는 것이 '필요한' 조건이지만, 노출되지 않는다는 것은 강자에게도 유리하다. 우리가 주장하려는 것은 상대적 유용성이다. 솔직히 말해서 부, 법, 사회적 제재, 힘에 접근할 수 있는 사람이라면, 강력한 시스템을 자유자재로 쥐락펴락할 수 있다면, 비대칭적 권력 관계에서 유리한 쪽에 있다면, 일류 변호사를 계속 쓰고 유능한 프로그래머를 고용할 수 있다면, 왜 굳이 난독화를 하겠는가? 외교 행낭과 미 국가안보국^{NSA} 보안 전화선이 있다면, SIM 카드를 바꾸고 신분을 날조하느라 시간을 낭비하지 않아도 된다. 강력한 프라이버시 시스템을 이미 갖춘 힘 있는 행위자들에게도 난독화가 유용할 때가 분명히 있고, 따라서 이 측면에 대해 서로 논하기는 할 것이다. 그러나 분명 난독화는 불리한 시스템을 쓸 수밖에 없는 사람들이 좀 더 쉽게 접근할 수 있는 도구다.

3.5 난독화를 강력한 프라이버시 시스템과 구분하기

지금까지 우리는 최적의 '강력한' 보안과 프라이버시 관행들이 개인과 단체들에게는 현실적이지 않은 방법이거나 접근이 불가능할 때가 있음을 지적했다. 그러나 그런 다른 시스템과 관행을 부정하려는 뜻은 아니다. 다만 난독화가 적절한 대안을 제공하거나 기존의 기술이나 방법을 보완하는 수단으로 활용될 수도 있음을 짚고 넘어가려는 것이다. 난독화는 숨겨진 대본과 비슷한 기능을 수행해, 반대 의견과 은밀한 이야기를 감추고 사람들이 자주적 의지를 발휘할 기회를 제공하며(동의의 제스처 안에 감춰진 거부행위), 항의하거나 사라져버리는 방식의 좀 더 노골적인 저항을 위한 도구가 될 수도 있다. 많은 사람들은 어떤 결과가 뒤따를지 불확실하고 통제력을 되찾을 분명한 메커니즘이 없는 것을 알면서도 무언가를 포기할 수밖에 없는 상황에 종종 놓이게 된다. 바로 이런 순간에 난독화가 역할을 할 수 있다. 종합적인 군사적 수준의 데이터 통제 해결책이 아니라(물론 그런 해결책과 결합돼도 유용하게 쓰일 수는 있지만) 연기를 조금 피워 적의 시야를 흐리기 위한 직관적인 방법을 제공할 수 있다.

난독화가 무엇인지를 설명하려면 무엇이 난독화가 아닌지, 난독화가 어떤 빈 틈을 채워주는지(스콧의 '약자의 무기'가 복종과 반란 사이의 틈을 채워주는 것처럼)를 명확히 할 필요가 있다. 난독화가 다른 서비스와 시스템으로는 하지 못하는 어떤 것을 할 수 있게 해주는지에 대해, 그리고 그 대신 감수해야 할 어려움은 무엇이고 데이터와 시간의 낭비라는 측면에서 어떤 대가를 치러야 하는지 논해야 한다. 최적 기술, 모범적 사업 관행, 법과 정부의 개입을 통한 데이터 보호라는 맥락에서, 난독화가 굳이 필요한 이유는 무엇인가? 난독화가 야기하는 비용을 고려할 때 왜 난독화에 의존해야 할까? 이러한 비용을 설명하고 그에 비춰 우리의 논지를 펼침으로써 윤리적, 정치적 문제의 측면에서(4장), 그다음으로는 구체적인 목표와 성과에 대한 계획의 측면에서(5장) 난독화를 설명하기에 앞서 전반적인 난독화를 설명해볼 수 있을 것이다.

앞서 난독화와 꼭 구분돼야 하는 다른 대안들 중 하나를 이미 다뤘다. 바로 고객의 데이터를 오용할 수 있는 플랫폼, 서비스, 상호작용에 대해 개인이 이를 거부하고 떠나는 방법이다. 이는 도덕적 타협으로부터 자유로워 보이는 해결책이다. 동의하지 않으므로 거부하며, 아무런 문제도 일으키지 않는다. 이런 식의 '떠남'은 가능성 있는 극히 일부의 사용자와 상황에나 가능할 뿐, 모두에게 현실적이거나 합리적인 선택은 아니다. 순교는 정치적 계산에서 보면 생산적인 선택이라 하기 어렵다. 참여하거나 떠나거나 둘 중 하나를 선택하면 되는 합리적 행위자의 상황이 더 간단할 수도 있겠지만, 받아들이는 것과 네트워크 세상의 끝에서 떨어져나가는 것 사이의 선택은 사실상 선택의 문제가 아니다. 우리는 다양한 정도로, 다양한 측면에서 문제가 있는 몇 안 되는 선택지 가운데에서 그나마 최선의 결정을 내리기 위해 애써야 하는 타협적인 상황에 종종 놓인다. 데이터 보안과 프라이버시에 대해 변함없이 완벽한 선택을 하는 사용자라는 것은 마치 완벽하게 합리적인 경제 주체처럼 현실보다는 이론상에서나 존재할 가능성이 더 많고, 현실에서 그런 사람이 있다면 훌륭한 교양을 갖춘 기술 전문가와 러다이트 명령 불복종자 사이에서 묘하게 균형을 찾은 사람일 것이다.

기업들이 고객을 위해 모범 관행을 도입하도록 하는 방법은 어떨까

물론 사용자만 데이터 수집이라는 방정식을 구성하는 요소인 것은 아니다. 관련된 기업들이 사용자가 갖고 있는 고민의 상당 부분을 해결해줄 수 있으며, 그렇게 되면 난독화는 고려할 가치도 없을 것이다. 거부opt-out 정책이 잘 마련된 경우, (데이터) 수집과 분석 과정에 대한 철저한 통제력을 제공함으로써 사용자는 거부와 수락이라는 양극단 사이의 여러 가지 선택지 중에서 원하는 방식을 결정할 수 있게 된다. 어느 정도만 사용하면 대신 일정 혜택을 받을 수 있게 해주고, 고객의 데이터가 특정 맥락에서만 특정한 목적으로 일정 기간 동안 수집 혹은 활용될 수 있음을 명시할 것이다. 이런 방법은 진정한 의미에서의 판단에 의한 선택의 기회를 사용자에게 제공할 수 있을 것이다. 그러나 이러한 종류의 민간 영역의 노력은 선의에서든 악의에서든 기업들이 데이터 마이닝의 주요 전략적 수혜자라는 사실로 인해 힘을 잃는다. 오늘날의 소비자 경제는 설문 조사, 변환 분석conversion analysis, 고객 유지 분석, 인구학, 표적 광고, 그 밖에 판매 시점에 수집돼 적기 공급 생산 시설에서부터 유행 탐지 시스템에 이르기까지 공급망 전체로 다시 전달돼 반영되는 데이터 등 데이터에 기반해 작동된다.[20] 문제의 회사가 개인의 데이터를 수집하고 묶어 판매하는 사업(더블클릭DoubleClick, 액시엄Acxiom 등)을 하든, 생성되고 고객에 의해 제공된 데이터를 이용해 기업 운용을 개선하든(아마존, 월마트 등), 사용자 데이터 기반 광고 수익에 기반하든(구글 등), 신용, 보험, 대출 위험을 감지하기 위한 목적으로 소비자 데이터 분석 하청을 맡기는 경우든, 이런 정보에 대한 접근을 전반적으로 제한하는 정책을 지지한다는 것은 회사의 이익에 부합하지 않는다.[21]

정보 접근을 전반적으로 제한하는 정책하에서 경쟁적 우위를 잃게 된 모든 회사가 고객, 클라이언트, 소비자, 심지어 환자에 관한 데이터에 기초해 얻는 수익을 잃을 위험에 직면한다. 웹 퍼블리싱 업체, 특히 답을 줘야 하는 주주들이 있는 회사들은 '이미 존재하는' 개인정보로부터 끌어낼 수 있는 가치를 활용하지 않고 놔두는 것을 못 견뎌 한다. 게다가 데이터의 유동성과 휴대성으로 인해 데이터의 양도는 아무리 단편적인 것이라 하더라도 매우 문제가 많은 전략이 될 수밖에 없다. 어떤 데이터가 한 회사의 수중에 있을 때는 작은 결과를 야기하는 데 그치겠지만 더 풍부하거나 관리가 잘된 데이터베이스에 접근할 수 있는 회사의 손에 들어가면 심각한 프라이버시 침해로 이어질 수 있기 때문이다. 정보 서비스 업체들, 혹은 경쟁 우위를 홍보하기 위해 데이터를 활용하는 기업들에게, 소비자들의 불만, 벌금, 경고 따위는 사업을 위해 충분히 감수할 만한 사소한 비용일 뿐이다. 그리고 그런 기업들은 '상비금'같이 쥐고 있는 개인정보에 대한 접근권을 유지하려고 필사적으로 싸운다.[22]

정부의 힘을 빌려 더 나은 법을 제정하고 시행하는 것은 어떨까

모름지기 정부는 이해관계들이 공평하게 서로 조절되고 가치와 정치적 원칙이 수호되는 곳이어야 하지 않나? 이 질문은 난독화가 반드시 정당성을 입증할 수 있어야만 하는 또 다른 질문을 던진다. 즉 '왜 기업들이 직접 데이터 수집과 데이터 관리 관행을 수립해야 하는가.'라는 질문이다. 당연히 그런 관행들은 정부에 의해 정의되고 집행돼야만 할 것이다.

사실 미국 수정 헌법 4조에서 유럽 연합의 데이터 보호 요건과 지침에 이르기까지, 규제와 법은 역사적으로 개인의 프라이버시를 수호하는 핵심적 방어벽이었다. 아마도 법은 개인정보 수집과 저장에 관한 난해한 질문들에 대해 우리가 한 사회로서 그 답을 찾아나가기 위한 논의가 이뤄지는 궁극적인 대화의 장이 될 것이다. 그러나 법은 느리게 작동하며, 그 어떤 모멘텀이 발휘돼 정부와 법 주체들이 공익을 위해 프라이버시를 보호하는 방향으로 나아가도록 밀어부치더라도, 반대쪽에 버티고 있는 기업, 정부 등의 기관 주체들이 가하는 힘에 쉽게 가로막히고 만다.

스노든 사건 이후의 세계에서, 많은 국가 안보, 간첩 활동, 사법 기관의 입장에서는 소환의 대상이 되거나 은밀히 이용될 수 있음에도 막대한 개인정보를 기업들에게 기꺼이 공개하는 성향을 기본적으로 가진 사람들이 의외로 있다는 것이 참 감사할 따름이다.[23] 제대로 계획, 관리되지 못하는 사회적 플랫폼이 효율적으로 자기 감시를 스스로 실시하는 사용자층을 만들어내고 있으며, 사용자들은 그렇게 EXIF 메타데이터를 그대로 남겨둔 채 사진을 올리거나 잡담 내용이 데이터 마이닝 알고리즘에 노출되는지도 모르고 그렇게 거저로, 제 손으로 도청을 해준다.

특히 미국 시민들은 앞으로 데이터 수집 규제와 관행을 개혁하는 모든 정부 사업에 대해 주의 깊고 까다로운 질문을 던져봐야 할 것이다. 막대한 양의 개인정보가 이미 유통되고 있다. 사람들이 무료로 끝없이 쏟아내는 개인정보가 패키징되고 팔려나가고 있는 가운데, 지루하고 불확실한 입법 및 사법 결정 과정은 더디기만 해서 몇 걸음 나아갔다 싶으면 후퇴하길 반복한다. 이런 더딘 진전 속도는 낙관적 전망을 어렵게 한다. 그렇다면 여기서 다시 우리가 시작했던 처음의 질문으로 되돌아가보자. 즉 기술이 그동안 이러한 문제들 중 상당수가 만들어지기까지 맥락과 변수를 제공하는 역할을 했다면, 발전된 기술이 그 문제들을 해결할 수는 없을까?

발전된 기술적 해법의 힘을 빌리는 것은 어떨까

그동안 데이터 마이닝, 웹 서핑 및 웹 검색, 기밀 정보의 전송 등 여러 영역에서 신중하게 잘 기획된 강력한 시스템들이 프라이버시를 보존하고 증진하기 위해 만들어졌다. 그러나 상황은 여전히 완벽하지 않다. 데이터 유래 감지, 적절한 데이터 세트 익명화, 상황 인지의 생성, 안전하고 신뢰할 수 있는 커뮤니케이션 제공 등을 위한 도구를 만들기 위해서는 심각한 기술적 어려움을 극복해야 한다. 그런 잠재적인 시스템들은 다수의 기업과 정부 기관들로부터도 저항에 직면한다. 그들은 차라리 그보다 못한, 제대로 시행되거나 원활히 도입되지 못한(적용되지 못한) 시스템들을 사용하겠다고 한다.[24] 더구나 기술 발전과 표준이 제아무리 그럴듯하다 하더라도, 많은 데이터 흐름을 조정하는 단체나 기관에 소속된 사회적 주체가 그런 기술을 채택하는 데는 정치가 복잡하게 얽힌다. 개인적 차원에서조차 어려움은 여전히 존재한다. 아빈드 나라야난이 '실용적 암호화'(암호화를 통해 사회를 완전히 개조하자는 기술 결정론적 프로젝트인 '사이퍼펑크 암호화'와는 다르다.)의 사용에 대한 자신의 연구에서 지적하듯, 어떤 시스템을 도입하느냐의 결정에는 개발자들이 다뤄야 하는 복잡한 공학과 사용성 관련 문제들도 얽혀 있다.[25] 이런 문제들 중 어느 것도 토르[Tor]에서 OTR 메시지, GPG[Gnu Privacy Guard] 같은 이메일 암호화 툴킷에 이르기까지 프라이버시 기술의 성과나 유용성을 희석하지는 못한다. 그러나 기술적 성과, 법과 규제, 업계의 모범 관행, 사용자 선택을 모두 합쳐보더라도, 마치 벤다이어그램에서 겹치는 부분을 뺀 나머지 공간이 있듯 방치된 채 보호되지 않는 엄청나게 넓은 빈틈이 남고, 이 영역이 난독화가 진가를 발휘할 수 있는 부분이다.

뒤에서 좀 더 실질적이면서 구체적으로 논의하겠지만, 난독화는 부분적으로는 문제 해결 전략이다. 법과 규제 조항, 단체들이 스스로 적용하고 있는 정보 공개 제한 정책, 의식 있는 개발자들이 제공하는 정보 보호 기술, 사용자의 포기 또는 거부 행동 등 다양한 노력들이 프라이버시를 뒷받침하고 있기는 하지만, 취약한 영역이 너무도 넓다. 난독화는 바로 이런 취약한 부분에 한 겹 덧씌울 수 있는 보호막이 돼줄 것이다. 난독화는 잡음을 만들고 물을 흐려서 문제를 모호하게 만든다. 어려운 상황에서의 데이터 불복종을 위해, 그리고 정보 약자를 위한 디지털 무기로 사용될 수 있다.

4

난독화의 정당성

"불에는 불로 맞설지어다 — 위협하는 자에게는 위협으로, 공포에는 담대함으로!Be fire with fire; Threaten the threatener and outface the brow"

셰익스피어 〈존왕〉, 1595

트렉미낫에 대한 강의[1]를 한 적이 있는데, 강의 끝에 청중 한 명이 자리에서 일어나 기만과 불신을 가치화하는 것이 심히 우려스럽다고 말했다. 그에게는 의미 없는 검색어를 입력한다는 것이 옳지 않아 보였던 것이다. 물론 이러한 기만이라는 문제 제기 외에도 낭비, 무임승차, 데이터베이스 오염, 서비스 약관 위반 등 난독화를 반대하는 이유는 많다.

그 청중이 지적했던 것과 같은 문제들은 우리로서도 우려스러웠다. 우리는 도덕적으로 우월한 방안을 제시하려는 의도였고, 트랙미낫은 위법적이고 부당한 정보 이용 관행으로부터 개인을 보호해주기 위한 방법이었다. 그러나 그런 문제들은 가볍게 털어버릴 수는 없었다. 난독화 전술은 종종 은폐와 호도가 동반되는 근본적으로 적대적인 방식인 경우가 많기 때문에, 의도되지 않거나 원치 않는 용도로 자원이 전용되는 것에 대해 설명하고 정당성을 입증하는 과정이 반드시 필요하다. 'A Tack in the Shoe' 라는 제목의 글에서 개리 막스^{Gary Marx}는 '개인정보의 수집을 중립적인 행위로 만드는 어떤 노력의 '좋고' '나쁨'을, 혹은 적절한지 부적절한지를 판단할 수 있게 해주는 기준이 필요하다.'고 지적한다.[2] 난독화가 효과적이기 때문에, 혹은 심지어 효과적인 유일한 방법이라 하더라도, 단지 그 이유만으로 난독화를 쓴다는 것은 충분한 설명이 되지 못한다. 난독화가 사용된다면 윤리적으로 따져봤을 때도 옹호될 수 있어야만 하며, 우리가 살아가는 사회의 정치적 가치와 양립될 수 있어야만 한다.

트랙미낫은 난독화 시스템의 개발자뿐만 아니라 사용자 또한 직면할 수 있는 많은 윤리적 문제들을 드러내는 역할을 했고, 결과적으로 난독화 시스템의 사용이 도덕적으로 옹호될 수 있는 경우와 그렇지 않은 경우를 구분할 필요성을 환기했다. 우리는 직관적으로 크레이그스리스트^{Craigslist}의 절도범은 적절치 않은 난독화에 포함시키고 연합군의 레이다 채프는 난독화가 도덕적으로 적절한 경우로 분류한다. 그런데 왜일까? 그들의 차이점은 무엇일까? 그리고 더 애매모호한 경우에는 그 답을 어떻게 적용해볼 수 있을까? 특정 시스템의 정당성을 옹호하고자 한다면, 단순히 이것은 되고 저것은 안 된다는 식의 대답만으로는 충분하지 않다. 그 시스템을 통해서는 도덕적, 정치적 해이를 피할 수 있음을 뒷받침하는 체계적인 이유를 제시할 수 있어야 한다.

이 장은 난독화를 고안하거나 사용하는 이들이 직면할 가능성이 있는 다양한 문제들에 대해 미리 준비할 수 있도록 돕기 위한 것이다. 그 문제들 중에는 난독화가 일반적인 수준을 넘는 큰 피해를 야기하거나 윤리적 권리를 침해한다는 관점의 윤리적인 문제들도 있다. 다른 한편으로는 정치적 문제들이 있는데, 난독화가 정치적 권리와 가치들을 약화하고, 불공정하거나 불공평하며, 권력을 부당한 방식으로 재분배하고, 대체로 주변 사회나 공동체의 정치적 가치들과 상충한다는 주장 등이 있다.

4.1 난독화의 윤리

부정직함

난독화가 현혹하고 호도하는 것을 목적으로 하는 경우에는 부정직한 행위라는 비난을 피하기란 거의 불가능하다. 난독화를 거짓말의 윤리와 연결짓는 것은 광활한 철학적 사고로 이어지기에 이 책에서 다루는 범위를 넘어서기는 하지만, 이 책의 제한적인 목적을 위해서도 이를 생각해봄으로써 중요한 통찰을 얻을 수 있다.

거짓말에 대한 전통적인 칸트의 관점을 살펴보면, 거짓말은 무조건 잘못이고 심지어 무고한 희생자를 찾는 살인자에게도 진실을 말해야 한다는 입장이며 그 어떠한 난독화도 부정한다. 반면 거짓말을 옹호하는 주장들은 좀 더 다양하고 조건부적인 윤리적 입장에 기초한다. 대체로 거짓말에 대한 학술적 연구는 두 가지 갈래로 나뉜다. 하나는 거짓말의 정의와 관련한 것이고 다른 하나는 거짓말의 윤리, 즉 거짓말은 언제나 잘못된 것인지, 옳은 경우도 있는지, 잘못된 것이라 하더라도 용서될 수는 있는지 등과 관련한 것이다. 현실에서는 이 두 가지가 상호 의존적인데, 거짓말이 잘못된 것이라는 엄격한 입장이 거짓말을 좁게 정의함으로써 순화될 수 있기 때문이다. 예를 들어 토마스 아퀴나스는 사려 깊은 의도로 시치미를 떼는 것은 윤리적 기준을 통과한다고 봤는데, 거짓말이 때로는 도덕적으로 용인되기 때문이 아니라 시치미가 때로는 거짓말의 정의를 벗어날 때가 있다고 봤기 때문이었다.[3] 모르면 몰라도 칸트와 아퀴나스만큼 반드시 진실만을 말해야 한다는 단호한 입장을 가진 사람은 거의 없으리라. 대부분의 사람들은 엄청난 피해를 막으려고, 강압에 못 이겨서, 약속을 지키려고, 혹은 그 밖의 중요한 목적을 달성하기 위해 등과 같은 적절한 구실을 들어 거짓말을 용인하지 않을까 싶다.[4]

앞서 다룬 많은 사례들에서 난독화는 강압, 착취, 위협에 저항하기 위한 수단으로 쓰였으며, 일반적으로 보자면 이는 부정직한 행위를 정당화할 수도 있는 목적에 해당한다. 그런 관점에서 보자면 난독화가 도덕적으로 옹호될 수 있는지 여부는 거짓말과 마찬가지로 그 목적의 정당성에 따라 결정된다고 말할 수 있을 것이다. 즉 연합군 폭격기를 보호하기 위한 레이다 채프의 사용은 윤리적 기준에서 허용될 수 있지만, 멀웨어를 퍼뜨리거나, 은행을 털거나, 선거를 조작하는 것은 윤리적으로 허용될 수 없는 행위다. 그런 짓을 하는 이들의 비상한 재주에 혀를 내두르거나 그들을 비웃을지는 모르겠지만 말이다. 난독화도 부정직함의 한 형태라는 점에서, 앞선 논리의 결론을 과장해서 목적만 정당하면 난독화가 정당하다는 식으로 이야기할 생각은 없다. 단지 정당한 목적이 윤리적 난독화를 위한 필수 조건이라는 점을 지적하고 싶을 뿐이다.

누군가가 고매한 목적을 이루기 위해 난독화를 택하는 경우라 하더라도, 그 선택에 대한 비판으로부터 정당성을 입증할 수 있어야 한다. 지금까지 난독화를 반대하는 입장에서 제기되는 몇 가지 윤리적 측면의 주장을 살펴봤다. 이제 윤리성 평가의 기준 중 칭찬할 만큼 훌륭한, 혹은 심지어 단순히 용인될 만한 목적 이외에 또 어떤 것이 여전히 부족한지 설명하기 위해 충분함의 문제로 돌아가보고자 한다.

낭비

비판하는 입장에서는 중요한 자원을 잡음을 만들어내는 데 써버린다면 어쨌든 난독화가 자원을 낭비하는 것 아니냐고 말할 수 있을 것이다. 예를 들어 트랙미낫의 경우, 어떤 이들은 검색 엔진 서버를 낭비한다는 점, 네트워크 대역폭에 가하는 부담, 심지어 불필요한 전력 사용을 비난했다. 비슷한 사례로 캐시클록CacheCloak[5]은 네트워크와 모바일 앱 자원을 낭비한다는 이유로, 많은 잡음 생성 소셜 네트워크 도구들은 페이스북 서비스를 과도하게 이용한다는 점에서, 우버Uber는 허수로 걸려오는 요청을 받아야 하는 운전기사들의 노고를 낭비한다는 점에서 트집 잡힐 만했다. 자신이 선호하는 난독화 시스템을 옹호하려면 그런 비난이 있을 때 그 뒤에 감춰진 의도를 바로 파악해내야 한다. 낭비의 개념은 철저히 규범적이기 때문이다. 낭비의 개념은 문제 자원의 사용, 소비, 개발, 이용과 관련해 용인될 만한 바람직한, 혹은 정당한 형태가 어떤 것인지에 대한 기준을 상정한다. 그런 기준에 대해 강력한 사회적 합의가 있을 때만 비난이 단순한 개인적인 의견 이상의 것으로 격상될 수 있으며, 사실에 입각한 지식에 확고히 기초할 때만 어떤 난독화 시스템이 자원을 낭비한다는 주장이 신뢰를 얻을 수 있는 것이다.

그러나 기준이 정착되지 않았을 때는 사용과 낭비의 경계가 더 애매모호해진다. 부주의로 수도꼭지를 틀어놓는 것은 물을 낭비하는 행위라는 데는 모두가 동의하겠지만, 사막 기후에서 푸른 잔디를 유지하기 위해 매일 물을 주는 것이 낭비인지에 대해서는 로스앤젤레스 주민과 시애틀 주민의 의견이 다르다. 트랙미낫이 자원 낭비라는 비난에 대응하기 위해, 트랙미낫의 네트워크 사용량이 이미지, 오디오 및 동영상 파일, 소셜 네트워크 서비스에서 다량의 정보 이동, 인터넷 기반 커뮤니케이션 서비스 등에 의해 생성되는 네트워크 사용량과 비교하면 아주 적다는 점을 지적할 수 있다. 그러나 트랙미낫 검색어에 의해 생성되는 트래픽과 예를 들어 비트코인이나 〈월드 오브 워크래프트〉를 유지하기 위해 필요한 트래픽 사이에는 규모 면에서 큰 차이가 없다는 점을 근거로 들어봤자 비난을 완전히 면하기는 어렵다. 수도꼭지에서 한 방울씩 떨어지는 물이 모이면 매일 샤워할 때 필요한 물의 양보다 훨씬 적은 것은 맞지만, 수도꼭지에서 떨어지는 물이 불필요하다는 점에서 여전히 낭비로 여겨질 수 있는 것이다.

캐시클록과 트랙미낫 같은 시스템에 의해 만들어진 잡음을 낭비로 간주하느냐 마느냐는 잡음의 양뿐만 아니라 잡음의 가치에 따라 결정된다. 난독화를 옹호하는 사람은 검색어에 기초한 프로파일링을 막음으로써 프라이버시를 보호하는 것은 그만큼의 대역폭을 사용할 만한 가치가 있다고 지적한다. 서버에서 가정으로 보내지는 대역폭을 가로막는 상당히 많은 수의 동영상보다는 확실히 더 가치가 있다는 것이다. 일부 비판적인 사람들은 여전히 의구심을 갖는다. 비록 그런 의구심은 공통 자원의 낭비에 대한 것이기보다는 검색 엔진과 모바일 앱 공급자들이 가진 서버 공간 등 사적인 자원의 낭비에 대한 것인지가 더 크다. 여기에서도 양과 정당성이 중요하다. 잡음이 적의 시스템을 과부하에 걸리게 하는 경우, 혹은 더 극단적으로 모든 가용한 자원을 소비하는 경우, 서비스 거부 공격이 되며 정당성의 기준은 매우 높다. 당신의 목표가 강압적이고 지배하려 들거나 확실히 불공평한 행위에 관여돼 있음을 확실하게 보여주지 못한다면, 약화시키는 난독화 공격은 정당화하기 어렵다.

사적 자원에 해를 입히지는 않고 단지 사용만 하는 경우에는 과연 어디까지가 정당한 사용인지 분명치 않을 수 있다. 웹 검색을 예로 들어보자. 수동으로 입력된 검색어는 아무리 그 목적이 하찮은 것이라 하더라도 낭비라는 비난을 불러일으킬 것 같지는 않다. 아무도 '닌자 거북이'나 '판타지 풋볼'이 '에볼라의 증상'에 비해 구글 서버 자원을 더 낭비한다고는 주장하지 않는다. 비록 일부 비판적인 사람들은 트랙미낫에 의해 입력된 자동화된 검색어는 낭비라고 주장해오기는 했지만 말이다. 트랙미낫의 검색어가 구글의 이익, 욕구, 선호에 반한다는 점과 프라이버시 보호를 위한 난독화라는 명목하에 사용자의 이익, 욕구, 선호보다 트랙미낫의 검색어가 더 중요하게 다뤄진다는 지적 말고는 그런 비판을 하는 이유를 딱히 찾기 어렵다. 불법 정보 탈취로부터 이용자를 보호하는 수단으로서 난독화를 옹호하는 사람들과 그런 행위를 낭비라고 낙인 찍는, 사람들 사이의 말싸움도 마찬가지다. 이 논쟁의 승자는 윤리적으로 우월한 위치에서 내려다보면서, 기득권을 사이에 두고 아귀다툼을 하는 사적인 논쟁을 공적인 도덕성의 문제로 바꿔버린다. 그러나 여기서 간과하지 말아야 할 점은 난독화를 '낭비'라고 비난하는 사람들이 지적하는 그 문제를 실은 우리가 아직 함께 제대로 고민한 적이 없다는 것이다. 프라이버시 보호를 위한 검색어 난독화가 허가 없이 사적 자원을 사용하는 것은 맞지만, 우리가 이를 낭비 또는 정당한 것으로 간주할지, 금지되는 것 또는 허용되는 것으로 간주할지는 권력과 특권의 행사에 대한 정치적 문제다. 이 문제에 대해서는 이후 이 장에서 다시 다루겠다.

무임승차

선호하는 난독화 시스템의 형태에 따라 난독화 행위자는 무임승차라는 비난을 받을 수 있다. 데이터의 수집, 통합, 분석에 순순히 응하는 다른 사람들의 의향을 이용하거나 데이터 수집 업체가 제공하는 서비스를 이용하면서도, 그 업체들이 자신의 개인정보를 이용해 이익을 얻는 것은 허용하지 않는다는 것이다. 첫 번째의 경우, 맹수는 느린 먹잇감을 쫓는다는 속담처럼, 적은 비용이 드는 목표물, 즉 난독화를 하지 않는 사람들을 표적으로 삼을 것이다. 두 번째의 경우에는 페이스북, 포스퀘어처럼 난독화의 대상이 제공하는 서비스를 그 이용 약관을 벗어나는 방법으로 사용한다면 묵시적 계약을 위반하고 있는 것이며, 이용 약관을 준수하는 사람들에 대해서뿐만 아니라 그 서비스 제공자가 한 투자에 대해서도 무임승차를 하고 있는 것이다. 애드블록 브라우저 플러그인을 사용하는 사람들이 대표적인 예다. 애드블록 플러그인 사용자는 더 조용하고, 로딩이 빠르고, 광고 없는 웹 경험을 즐기면서 애드블록을 설치하지 않은 사용자들이 동의한 콘텐츠에도 접근할 수 있다. 뭐 그렇다고들 비판하는 입장에서는 주장한다. 무임 승차자로 그려질 때의 난독화 행위자들의 모습은 반항아보다는 고자질쟁이에 가까운 듯하다. 결국 도덕적 우위를 갈망한다고 할 때, 사실 다른 사람들의 무지와 어리석음을 잘 이용해 시스템을 가지고 노는 어떤 존재가 되고 싶은 것 아닌지? 이런 비난은 잘 귀담아들어야 하지만, 우리가 보기에 그런 비난이 받아들여지는지는 다음의 두 가지 질문에 대한 대답에 따라 결정된다. 첫째, 당신의 난독화 시스템은(자신이 직접 만든 것이든 사용하고 있는 것이든 간에) 다른 사람들도 자유롭게 사용할 수 있는가? 그리고 당신이 그 시스템을 사용함으로 인해 난독화를 하지 않는 사람들의 상황이 나빠지지는 않는가? 이 두 질문에 대한 답이 모두 '예'라면, 지금까지 논의한 시스템들 중 상당수가 그렇듯 악용이 발생하지도, 도덕적으로 문제될 것도 전혀 없다고 본다. 두 질문에 대한 답이 하나라도 '아니오'라면, 상황이 복잡한 것이며 더 면밀하게 살펴야 한다. 비밀스럽게 행해지는 난독화라 하더라도 가담하지 않는 사람에게 전혀 불이익을 주지 않는다면 용납될 수 있다. 가담하지 않는 사람에게 불이익을 주기는 하지만 모든 사람이 널리, 자유롭게 사용할 수 있는 난독화라면 그런 난독화는 정당화될 수 있다. 비록 이 두 가지 경우야 모두 타당한 이유가 더 필요하지만, 가장 어려운 질문들을 제기하는 경우, 즉 난독화가 비밀스럽게 행해지면서 가담하지 않는 사람에게 불이익을 주는 경우라면 끝난 이야기다.

이런 어려운 질문들은 우리를 도덕적 책임에 관한 철학적 논쟁으로 몰아넣는다. 심지어 최악의 경우에는 비난의 화살을 난독화 시스템의 목표물, 즉 데이터 수집자에게 돌릴지도 모른다. '누가 누구를 이용하고 있는 거야?'라고 질문할 수 있다. 맹수와 먹잇감의 비유로 돌아가보면, '내가 발이 빠른 것을 탓하지 말라. 먹잇감의 죽음에 대한 책임은 결국 맹수에게 있다.'는 것이다. 비록 당신으로 인해 당신보다 발이 느린 동지가 잡힐 확률이 더 높아지는 것은 맞지만, 분명 주된 책임은 맹수에게 있다. 이는 '맞비난'이라는 교착 상황을 안겨준다. 즉 데이터를 수집하는 쪽은 난독화하는 이들이 서비스에 무임승차한다고 비난하고, 난독화하는 쪽은 데이터 수집 기관들이 개인정보를 이용해 무임승차를 한다고 비난하는 것이다.

인터넷의 보편적인 경제 체계에서는 개인 사용자들은 무료 서비스를 즐기며, 이러한 서비스들은 광고 네트워크와 그 밖의 서드파티 데이터 수집 업체들이 사용자 정보로부터 뽑아낸 가치에 의해 유지된다. 재화나 서비스에 대해 어떤 가격이 명시적으로 지불되는 전통적 상업 시장에 기반한 교환과는 달리, 인터넷 경제는 간접적이고 교묘하며 잘 숨겨진 수단에 의한 정보의 수집에 기초한다. 이 문제에 대한 우리의 생각에 영감을 준 평론들을 쓴 저자들에 따르면, 정보의 가격은 사실상 백지 수표나 다름없는 것으로 결코 무료가 아니다.[6] 개인정보의 사용에 대한 합리적 고려가 이뤄지지 않은 개인정보의 포기가 서비스를 받기 위한 필수 조건일 때, 필요 이상으로 과할 때(과잉 수집이라는 의미), 그리고 부적절할 때(정황상 예상되는 범위를 벗어나는 경우 등), 그런 가격은 착취인 것이며 그런 관행은 강압적인 것이다. 더구나 전통적인 기관의 보호가 이러한 관행들을 해결하는 데 효과적이지 않을 때, 난독화를 한다고 무임승차자라 비난받는 사람은 그 견고한 시스템이 가져다준다는 혜택이 과연 무엇인지, 정당히 의문을 제기할 수 있을 것이다. 반면 순진한 사용자들은 그런 시스템 속에서 그럴싸한 꾐에 넘어가고 만다. 그런 꾐으로 인해 이런 사용자들은 자신이 그 내용에 거의 아무런 관여를 한 바 없는 교환 조건에 엮여버린다.[7] 각 당사자는 귀중한 자원의 교환에 대한 조건을 정하는 데 저마다 이해관계를 갖지만, 어느 이해관계가 우선시되는지가 공정하게 결정돼야 하며, 그렇지 않다면 당사자들의 존중을 받을 수 없다.

이러한 주장은 모든 정보 난독화를 정당화하지도, 무임승차라는 비난으로부터 보호할 만한 것으로 만들어주지도 않는다. 다른 도덕적 요건이 충족될 때만 그럴 수 있을 뿐이다. 또 무임승차의 문제는 개인 사용자들과 그들의 정보를 수집하는 서비스 공급 업체들 사이의 상호작용에 의해 만들어진 잉여 가치에 대한 권리가 누구에게 있는가에 전적으로 달려 있다. 다시 말해, 자신의 시스템이 가치 있는 목적 등 그 밖의 다른 윤리적 기준을 충족한다고 스스로 만족하더라도, 상충하는 이해관계와 욕구에 대한, 혹은 이익과 혜택의 공정한 분배에 대한 질문이 여전히 남으며, 이런 질문들은 경제적, 정치적 분석의 영역으로 들어가게 된다. 이에 대한 내용은 아래에서 다루겠다.

오염, 전복, 시스템 피해

데이터 오염이라는 비난은 불가피하지만 그만큼 짜증 나는 문제다. 난독화를 잡음을 집어넣는 것으로 정의한다면 오염과 비슷한 측면이 있긴 하나 비교할 수 있다. 무언가를 불순하거나 불결하게 만든다는 점에서다. 환경 건전성environmental integrity은 이상으로서뿐만 아니라 현실적인 목표로서도 매우 높이 평가되기 때문에 물, 토양, 공기를 독성 화학 물질, 미립자, 쓰레기로 더럽히는 사람은 강력한 비난을 받을 수 있다. 그러나 환경 오염의 규범적 영향력에 기대어 난독화를 비판하는 이들은 난독화가 데이터 저장소repository를 어지럽히는 것을 곱게 보지 않는다. 그들은 건전성이 소중이 지켜져야 할 데이터 환경을 난독화가 오염시킨다고 주장한다. 그러나 둘 사이에는 차이가 있다. 오늘날 대부분의 사회에서 자연 환경의 가치는 당연하게 여겨지며, 자연 환경을 오염시키는 것으로 보여지는 행위는 비난받을 만하다고 간주된다. 그러나 어떤 데이터 집합이 보호할 가치가 있다는 것이 명백히 입증되지 않는 한, 데이터 집합의 건전성에 대한 주장은 의문시될 수밖에 없다.

심지어 환경 건전성 자체도 절대적 가치가 있다고 여겨지는 것은 아니므로 보안, 상업, 소유권 등 다른 가치를 위해 희생되기도 했다. 이와 마찬가지로 데이터 오염이라는 비난이 받아들여지려면 데이터 집합이 난독화 행위자들이 보호하려는 그 무언가보다도 더 큰 가치를 지니는 것으로 보여져야 한다. 데이터베이스의 부정적 결과를 드러내는 것 자체만으로는 윤리적 질문을 야기할 뿐이다. 결국, 데이터 흐름이나 문제의 데이터 세트의 건전성이 윤리적으로 요구될 때만 데이터 오염이 비윤리적이라는 것이다. 더구나 데이터의 건전성이 관련된 다른 가치와 이해관계들보다 더 중요한지 여부가 반드시 분명하게 결정돼야만 한다. 데이터 수집 업체의 이해관계가 난독화로 인해 부정적인 영향을 받는지 여부가 문제일 때, 윤리적인 질문들은 이러한 이해관계가 일반적으로 가치 있는 것이며 그런 이해관계가 난독화하는 사람의 이해관계에 우선한다는 점을 밝힘으로써만 결정될 수 있다. 데이터 수집 업체와 난독화하는 사람의 상충되는 각 이해관계(혹은 선호)를 뒷받침하는 분명한 도덕적 근거가 없을 때는 정치적 해결, 혹은 어쩌면 시장에 기초한 해결이 바랄 수 있는 최선의 해결책일 수 있다.

어느 데이터 흐름이나 데이터 세트의 건전성을 유지하는 것이 진정 공익에 부합하고, 그 데이터 세트에 대해 난독화를 시도하는 것이 시스템 전체에 영향을 끼치는 경우, 난독화 행위의 정당성을 입증해야 할 책임은 전적으로 난독화 행위자에게 있다. 예를 들어 인구 보건 데이터베이스의 건전성을 훼손하는 것이 잠재적 공익을 저해하는 경우에는 그런 짓을 한 난독화 행위자에게 당연히 이의를 제기할 수 있다. 그러나 심지어 그런 경우라 하더라도, 우리는 다른 사람들의 이익이나 공익을 위해 한 개인이 치러야 하는 대가가 공정한지를 판단해야 한다. 개인들이 정보를 제공하지 않을 수 없는 경우라면, 그 정보가 어떻게 사용될 것인지, 다른 곳으로 이동될지, 어떻게 보호될 것인지 등의 문제들이 적어도 공정한 정보 관행과 관련된 익숙한 원칙들에는 부합할 것이라는 점이 보장돼야 한다. 다시 말해, 윤리성에 대한 이 주장은 두 가지 고려 사항에 따라 결정된다. 문제의 데이터가 진정으로 공공의 공통된 이익과 관련이 있는지, 그리고 그런 이익을 위해 대신 개인이 얼마나 많은 희생을 요구받는지다. 즉, 데이터 집합의 건전성이 아무리 이전에는 가치 있는 것으로 여겨졌을지라도 절대적이지는 않으며, 데이터 집적이 공공에게 갖는 중요성뿐만 아니라 그로 인해 개별 데이터 수집 대상이 지게 될 수도 있는 모든 책임을 인식하고, 또 자신의 행위의 정당성을 입증해야 하는 책임이 데이터 수집 업체에게 있다는 점을 인식해야 한다는 뜻이다.

지금까지의 논의에서 우리는 '오염,' '전복,' '시스템 손상'이라는 세 용어를 구분하지 않았다. 윤리적으로 정당성 있는 시스템을 유지시키기 위해 노력할 때 세 용어 중 어느 것이 적절한지 한번 생각해보길 바란다. 난독화 행위자의 데이터 흔적만 오염시키거나 전복하는 난독화 시스템은 다른 데이터 대상에까지 영향을 끼치는 난독화 시스템에 비해 윤리적 문제를 덜 제기한다. 또 서비스 거부의 경우에서처럼 시스템의 일반적인 작동을 방해하는 그런 시스템에 비하면 윤리적 문제를 덜 제기한다. 신중한 평가를 위해서는 데이터 수집에 대해, 또 데이터 난독화의 정당한 목적과 관련해 각각의 피해, 혜택, 사회 복지, 비례의 원칙과 관련한 질문 등 우리가 지금까지 논의한 질문들과 비슷한 질문들을 던져보게 될 것이다.

4.2 윤리에서 정치까지

목적과 수단

난독화에는 거의 늘 은폐, 시스템 자원의 무단 사용, 혹은 기능 장애가 수반되기 때문에 난독화가 의도하는 목적이나 목표를 이해하는 것이 그 도덕적 입장을 평가하는 데 매우 중요하다. 비록 어떤 목적은 누가 봐도 좋게, 다른 목적은 누가 봐도 나쁘게 보일 수 있지만, 문제없는 목적(예를 들어 슈퍼마켓 감시를 막는 것)에서부터 다소 논란이 있는 수단(예를 들어 P2P 파일 공유를 가능하게 하는 것)까지 전부 아우르는 폭넓은 중간 지대가 존재할 수 있다. 이렇게 윤리적으로 애매하거나 유연한 판단이 가능한 영역에서는 정치와 정책이 작용한다.

그러나 수단은 그림의 일부분일 뿐이며, 필수 조건이지만 충분 조건은 아니다. 윤리 이론과 상식은 수단 역시 정당화될 수 있어야 하며, 격언에서처럼 목적이 모든 수단을 정당화하는 것은 아니라고 말한다. 수단이 허용될 수 있는지 여부는 수많은 윤리적 요소에 따라 결정되지만, 자주 그렇듯 목적과 다양한 우발적이고 맥락적인 요소들 사이의 상호작용에 따라 달라질 수도 있으며, 이런 요소들을 고려하는 것은 정치적 영역에 해당한다.

이사이아 벌린처럼 정치 철학을 '집단과 국가에, 그리고 사실상 인류 전체에 적용되는'[8] 도덕적 탐구로서 바라본다면, 윤리적 문제에 관한 어떤 논쟁들은 오히려 정치적 방법을 통해 가장 잘 해결된다는 것을 인정한다고 해서 꼭 윤리적인 고려를 전혀 하지 않겠다는 뜻은 아니다. 경우에 따라, 결국 상충하는 목적과 가치들을 둘러싼 이견으로 수렴되는 난독화의 윤리에 대한 이견들은 칸트가 살인을 막는 것보다 진실이 더 중요하다고 판단했을 때 찾은 해결책과 같은 순수하게 윤리적인 해결책을 받아들일 수 있을지 모른다. 그러나 목적에 이견이 있는 경우, 순수하게 윤리적인 논증이 늘 가능하지는 않을 수 있다. 이러한 경우, 이러한 이견들이 어떻게 해결되는지가 그런 이견들이 속한 사회의 구조나 형태에 영향을 주기 때문에 그 해결은 사회 정책적 접근이 필요한 문제가 된다. 사회에 의한 해결을 필요로 하는 문제와 같은 윤리적 문제들은 대대로 정치 철학자들에게 영감을 줬다. 플라톤에서 홉스, 루소에서 현대 철학자들에 이르기까지 철학자들은 정치 시스템을 비교 및 평가하고 좋은 사회의 특성이 되는 정치적 특징과 의사결정 방식을 파악하고 정의, 공정, 품위라는 정치적 원칙을 명확히 설명하기 위해 노력해왔다. 윤리적 질문들은 사회의 권력, 권한, 재화의 분배에 관한 것이기 때문에 그에 대한 답은 정치적 관점에서 이뤄져야 한다고 결론 내릴 때, 우리 마음속에는 여전히 윤리에 대한 생각이 존재한다. 물론 모든 사회가 다 그렇다는 건 아니다. 독재에 반대하는 사회, 훌륭한 철학자, 비판적 사고가, 정치 지도자들이 언행을 통해 이상화한 방식으로 선하고, 공정하고, 예의 있는 사회가 되고자 하는 그런 사회를 말한다. 이를 기억하면서, 이제 난독화와 관련해 발생하는 불신(위선), 낭비, 무임승차 오염, 시스템 손상 등의 문제들을 다시 논의해보자.

낭비의 문제를 다뤘을 때, 한쪽에서는 상대의 행위가 낭비적이라고 힐난하고 반대편에서는 문제의 행동은 정당한 이용에 해당한다고 주장하는, 반대 입장이 서로 치고받는 충돌을 상상했었다. 비판적인 사람들이 트랙미낫 사용자들이 속으로는 전혀 관심도 없는 검색을 함으로써 대역폭을 낭비한다고 비난했을 때가 그랬다. 트랙미낫 사용자들은 자신들이 대역폭을 낭비하고 있는 것이 아니라 정당한 프라이버시 주장을 펼치기 위해 해당 대역폭을 사용하고 있는 것이라고 말했다. 이와 비슷하게, 데이터 세트를 오염시키거나 한 시스템의 데이터 마이닝 능력을 손상시켰다는 비난을 받는 사람은 그 데이터 세트나 데이터 마이닝의 목적은 사회의 보호를 반드시 받아야 한다거나 적어도 감시를 피하려는 난독화 행위자의 목적보다 우선시돼야 하는 목적은 아니라고 반박한다.

일반적으로, 데이터 난독화가 데이터베이스를 손상, 훼손하거나 시스템을 위태롭게 한다고, 혹은 공동 자원을 남용하거나 낭비한다고 주장한다고 해서 난독화가 비윤리적이라고 말할 수 있는 것은 아니다. 그렇게 비난하려면 먼저 해당 데이터 저장소나 시스템이 난독화 행위자가 추구하는 반대되는 목표보다도 더 중요한 사회적 목표를 어떻게 발전시키는지 분명하게 설명할 수 있어야만 한다. 하지만 이러한 상충하는 목적들이 명백하게, 혹은 체계적으로 표명돼서 그 결과 데이터 수집 업체들이 자신들의 행위가 지닌 가치의 정당성을 입증하도록 압박으로 작용하는, 그런 경우는 거의 없다. 목적을 판단하는 기준을 알기 위해서는 데이터 수집에 의해 달성되는 목적이나 가치(데이터베이스 또는 정보 흐름)에 대해 질문해야 하며, 난독화 행위들에 대해서도 마찬가지다. 나아가 이러한 목표들이 사회, 국가 등 집단의 넓은 정치적 활동 안에 어떻게 그 특징을 이루며 녹아드는지 질문해야 한다. 지금까지 미 교통보안청이 개인정보 프로파일을 수집하고 집적하는 활동과 관련해 그 활동의 목적이 여행자에게 안전을 제공하는 것인 한, 상당한 자유를 허용해왔던 것 같다. 그래서 우리는 아무리 프라이버시 보호의 목적이라 하더라도 이런 상황에서 난독화를 시도하는 개인들에 대해서는 부정적으로 생각하기도 한다. 하지만 이를 통해 강조하고 싶은 점은, 난독화의 목적이 무엇인지에 따라 데이터 수집의 윤리나 난독화를 대하는 태도가 달라져야 한다는 것이다.

그러나 물론 수단도 중요하다. 제아무리 선한 목적도 모든 수단을 정당화하지는 못한다. 법과 정책에서, 예를 들어 처벌은 죄질에 합당하도록 해야 한다는 것과 같은 비례의 원칙을 고려할 것을 종종 요구받는다. 물론 지장을 주고 심지어 손상을 일으키는 수단에 대해 정당성을 입증해야 할 책임이 반드시 난독화 행위자에게 있는 것은 맞지만, 확실히 난독화의 대상에게도 문제 제기를 하는 것이 공평하다. 트랙미낫을 설치하기로 한 이유가 검색어 기록을 남기는 기본적인 관행에 반대해서가 아니라, 데이터 사용에 대한 적절한 제한 없이 데이터를 너무 자세하게, 너무 오랫동안 보관하는 것과 같은 받아들일 수 없는 과도한 관행에 반대해서일 수 있다. 검색 기능 향상을 위해, 심지어는 검색어에 맞는 맥락 광고를 제공하기 위해 데이터를 보관하는 것은 받아들일 만한 것처럼 보일 수 있지만, 행동 광고를 정교화하고 검색 기록을 다른 온라인 활동과 비교 분석함으로써 사람들을 너무 개인적인 부분까지 너무 정확하고 상세하게 프로파일링하기 위해 데이터를 무한정 보관하는 것은 검색 엔진의 핵심 기능에 비해 지나치게 과도한 것 아닐까? 그런 질문들은 모든 극단적인 형태의 정보 감시에 해당되는 내용으로, 특히 온라인 감시에서는 온라인 행동 추적의 목적이 오직 상업 광고를 위한 목적인 경우에는 이를 너무 과도한 수단이라고 판단하는 것이 이에 해당한다. 그 결과, 광고 효과의 향상이 미미하더라도 말이다. 그러나 난독화 행위자 또한 비례의 원칙이라는 문제에, 그것도 상당히 구체적으로 답해야만 한다. 따라서 우리가 트랙미낫의 목적이 정당하다는 데는 동의할지 모르지만 여전히 잡음의 양은 제한하고 싶어 할 수 있다. 예를 들어, 프로파일링은 막지만 서비스 거부 공격으로 검색 엔진 전체를 마비시키지는 않을 수 있다. 어느 정도가 균형적인 수준이고 불균형적인 수준인지 그 기준선을 확실히 긋는 것은 절대 쉽지 않지만, 그리고 물론 각각의 경우에 맞게 그 구분선이 달라져야 하기는 하겠지만 어쨌든 선이 있다는 직관적인 인식만큼은 확실하고도 깊다.

비례의 원칙은 어떤 목적과 그것의 짝을 이루는 수단, 행위와 그에 상응하는 대응 같은 조합을 판단할 수 있는 규범적 기준을 제시한다. 그러나 수단은 그 비용이 대안에 비해 적게 드는지 여부와 같이, 비교 표준에 의해서도 평가될 수 있다. 실용주의적 사고가 좋은 예로, 어떤 행위나 사회적 정책을 고려할 때 발생하는 행복이 불행보다, 혹은 이익이 비용보다 커야 한다는 것뿐만 아니라, 발생되는 손익의 균형이 여러 가능한 대안들과 비교해서도 최적인 상태여야 한다고 생각하는 사고다. 난독화가 눈속임, 데이터 오염, 시스템의 작동 손상을 포함하는 경우, 제아무리 경탄할 만한 훌륭한 목적을 달성하기 위해서라 하더라도 윤리적인 난독화 행위자라면 그보다 도덕적 비용이 적으면서도 쉽게 가져다 쓸 수 있는 다른 수단이 없는지 찾아봐야 한다. 서로 다른 형태의 난독화 방법에 드는 비용이 과연 크게 다른가라는 질문을 던질 수도 있겠지만, 지금까지 상정해온 정도의 비용을 지불하지 않고 다른 수단으로도 동일한 목표를 달성할 수 있는 것은 아닌지, 질문을 던져볼 수도 있다.

손상을 야기할 위험은 덜하면서도 그 효과는 같거나 오히려 더 나은 대안이 있지는 않을까라는 질문을 던져볼 필요가 있다. 물론 3장에서 문제있는 데이터 감시 관행에 저항하기 위한 대표적 접근법들 중 몇 가지를 살펴봤을 때도 낙관할 만한 근거는 거의 찾지 못했지만 말이다. '이 관행이 싫으면 언제든 참여하지 않을 선택권이 있다.'라고 말하며 한 가지 방법으로 제시되는 '거부opt-out'는 멋진 모바일 앱, 디지털 게임, 다양한 형태의 소셜 미디어에 대해서라면 해봐도 괜찮을지 모르지만 온라인 쇼핑, EZ 패스(미 고속도로 통행료 자동 지불 시스템), 항공사 마일리지 프로그램의 경우에는 감수해야 하는 불편과 비용이 너무 크다. 그리고 휴대전화, 신용카드, 보험, 자동차, 대중교통 등 많은 감시의 매개체를 포기한다는 것은 이제 많은 사람들에게는 현실 가능성이 없는 이야기다.

기업의 모범 경영과 법적 규제 등 다른 대안들은 이론적으로는 그럴싸하지만 현실적으로는 한계가 있다. 이해관계의 심각한 불균형, 그리고 여우에게 닭장을 맡기는 어리석은 짓과 같은 관점에서의 구조적인 이유들 때문에, 데이터 관행에 대한 유의미한 차원의 제한이 기업들 스스로에 의해 이뤄지길 기대하기는 어렵다. 더구나 다양한 산업에서 각자의 데이터 관행에 대한 자체 규제를 시도했다가 실패한 전력을 생각하면, 의미 있는 개혁이 가능할 것이라는 희망은 거의 갖기 힘들다. 비록 정부 차원의 법제가 경우에 따라 효과를 거둔 경우도 있기는 했지만, 상업 분야에까지 그 효과가 미치지는 못했으며,[9] 특히 온라인과 모바일 추적 규제와 관련해서는 더욱 그러했다. 연방무역위원회[FTC]와 미 상무부의 통신정보관리청을 비롯한 여러 정보 기구들의 끈질긴 노력과 단호한 의지에도 불구하고, 지금까지 전반적으로 미미한 수준의 진전만 이뤄졌다. 예를 들어, 프라이버시 정책에 명시되는 고지 및 동의 조항은 데이터 수집 대상이 이해할 수 없게, 모호하게 표현돼 있고, 끊임없이 수정되며, 실질적으로 데이터 수집과 사용의 정도 및 범위를 제한하지 못했음을 보여주는 결정적인 근거에도 불구하고, 여전히 온라인 프라이버시 보호를 위한 지배적인 장치로 사용되고 있다. 더구나 대부분의 사례들을 통해 볼 때 웹 브라우저 추적 방지 표준 수립을 위한 단합된 노력은 광고 산업에 의해 가로막히고 말았고,[10] 스노든의 폭로[11]로 미국과 그 밖의 정부들이 오랫동안 대규모 감시를 실시해왔음이 드러났다. 개인들은 정보의 적절한 수집과 이용이 개인의 프라이버시에서 갖는 중요성이 전통적인 수단에 의해 언젠가는 곧 보장될 것인가라는 질문을 당연히 던져볼 수 있어야 한다.

정의와 형평

지금까지, 난독화 행위자와 이를 비판하는 사람들이 난독화의 윤리를 두고 이견을 보일 때 그들의 이견은 때로는 목적과 가치에 대한 충돌로 귀결된다는 것을 설명했다. 비판하는 쪽은 난독화 행위자가 목적이 정당해야 한다는 조건을 위반한다고 비난한다. 난독화 행위자는 정확히 같은 이유로 난독화의 대상을 비난한다. 이런 대립은 정치판에서 공개적인 발언과 공적 숙의로 다뤄질 때 도움이 되며, 우리는 이를 지지해 마지 않는다. 그러나 난독화의 윤리에 관한 논의에서 상충하는 목적과 가치뿐만 아니라 충돌하는 이익과 선호 사이의 대립도 존재함을 밝힌 바 있다. 이 점을 분명히 보여주는 단적인 사례가 무임승차에 대한 논의에서 나왔었다. 부적절한 행동이라는 비난을 받으면 난독화 행위자들은 데이터 수집 업체가 상호작용 과정에서 발생된 잉여 가치를 취할 수 있도록 상호작용 약관을 일방적으로 정하고 있음을 지적할 수 있을 것이다. 같은 사용자들과 관련해서 무임승차라는 비난은 까다로운 질문들을 던졌다. 예를 들어 다른 사용자들을 한층 더 심한 조사나 불이익을 당할 상황으로 몰아넣었을 수 있다는 점에서 난독화 행위자가 비난의 화살을 받는 것이 더 타당한가, 아니면 그러한 조사나 불이익을 가하는 주체에게 비난의 화살이 쏠리는 것이 더 타당한가 하는 질문 등이다.

　그런 공격과 반박들을 따로 떼어놓고 봤을 때, 난독화 행위자의 이익과 선호를 우위에 놓을지 아니면 난독화 공격 대상의 이익과 선호를 우선시할지 양자택일의 문제로 귀결되는 경우, 그런 주장과 반박들을 순전히 윤리적인 관점에서 해결하기는 불가능할지도 모른다. 그러나 좀 더 넓은 사회적 맥락에서 보면, 누구의 선호와 이익이 가장 많은 지지를 받아야 하는지에 대한 논쟁은 몹시 정치적이다. 이런 논쟁은 어떤 자격이 다른 자격보다 우선하는 것으로 인식하고, 그럼으로써 종종 권력, 권한, 재화뿐만 아니라 책임과 복종의 체계적인 분배나 재구성을 야기한다. 이러한 것들은 어떤 가치가 다른 가치에 우선하는지, 그리고 누구의 권리가 다른 사람의 권리보다 우선하는지에 대한 논쟁을 해결하면서 정치 철학자들이 수세기 동안 고민해온 정의와 형평의 문제에 포함되는 문제들이기도 하다. 그러나 권리와 가치 이외에도, 사회는 다양한 재화의 분배를 통치하고, 지극히 불공평하고 불공정하며 타당하지 않은 결과를 행위자들(개인, 기관, 단체) 사이의 폭력적인 경쟁에, 혹은 강력한 현 정권이 선호한다는 이유로 그 현 정권의 지시에 맡겨버리는 대신 그러한 결과를 개선하기 위해 원칙을 추구해왔다.

재화(권력, 부, 권한 등)의 공정하고 공평한 분배라는 고민에 대한 답을 얻고자, 우리는 정치 철학 분야의 최근 글들을 탐독했다. 우리는 온갖 독특한 구체적인 상황들 가운데서 찾아낸 난독화의 대상과 행위자 사이의 대치 상황을 해소하는 데 도움을 줄 통찰을 얻기 위해 방대한 학문 전통을 일부 참조했으며, 이 점에 대해서는 독자들의 너그러운 양해를 구한다. 기술적으로 발전되고 자유민주적이며 진보적인 민주사회에서는 추정컨대 그런 원칙들이 이미 법과 규제에 통합돼 있다고 생각된다면, 그런 최초의 원칙들을 파고드는 것은 불필요해 보일지 모르겠다. 이 말은 곧 프라이버시와 난독화에 관련된 정치적 질문에 대한 답을 찾기 위해서는 현재의 법과 규제만 참고하면 된다는 뜻일 것이다. 그러나 현재의 법과 정책이 여전히 프라이버시 보호에서의 엄청난 격차에 제대로 대응하지 못하고 있다는 바로 그 이유 때문에 답을 찾기 위해서는 근본 원칙들을 살펴봐야 한다.

난독화 행위자들의 저항이 공격 대상의 의지나 관심사를 헷갈리게 만드는 상황으로 되돌아가, 이처럼 정의를 고려하는 것이 어떻게 우리의 판단에 지침이 될 수도 있는지에 대한 물음을 던지고자 한다. 존 롤스는 정의론[12]에서 문제의 난독화 행위가 기본권과 자유를 침해하거나 약화시키지 않음을 기본 요건으로 요구한다. 이러한 요건은 난독화 속임, 시스템 전복, 부당한 이용이라는 방법을 쓰는 난독화 시스템은 재산, 보안, 자율에 대한 권리를 침해할 잠재력이 있다는 점에서 이런 난독화 시스템에 문제가 있다고 지적한다. 자율, 공정한 처우, 표현의 자유, 정치 결사의 자유 등 일반적으로 사생활권과 관련된 자유들처럼 같은 정도의, 혹은 더 강력한 정도의 반대 논리가 분명하게 제시되지 못한다면 이 원칙은 그런 시스템들에 대해 부정적인 판단을 내린다. 이 첫 번째 원칙은 범죄자가 공격을 감추고 흔적을 흩트리기 위해 사용하는 것으로 난독화를 간단히 정리해버린다.

상충되는 주장을 펴는 어느 쪽도 분명한 윤리적 우위를 점하지 않는 미묘한 경우에는 롤스의 두 번째 원칙인 맥시민maximin의 원리를 적용해볼 만하다. 이 원리는 정의 사회는 '어떤 선택으로 인한 최악의 결과가 다른 대안들의 최악의 결과보다 나은 경우' 그 선택을 우선시해야 한다는 것이다.[13] 실질적으로 이 말이 의미하는 바는 정책 대안들을 따져볼 때 정의 사회가 서로 다른 개인 및 집단들의 처지를 꼭 균일하게 만들려고 애쓸 필요는 없지만, 그것이 가능하지 않거나 의미가 없는 상황일 경우 사회 경제적 스펙트럼상 최하위 계층의 곤궁에 중점을 둠으로써 어떤 정책이 선택되든 이해당사자들에게 가져오는 효과를 최대화하는 정책이 되도록 해야 한다는 것이다. 다시 말해, 정의 사회의 정책은 최소 수준을 최대화해야 한다는 것이다.

앞의 사례들로 되돌아가, 이제 낭비되는 자원, 즉 앞서 이미 다룬 공유 자원이 아니라 사적 소유인 자원 중 낭비되는 자원에 관한 논쟁을 생각해 보자. 페이스북에 거짓 프로필을 올려 페이스북의 자원을 고의적으로 낭비하는 경우와 같은 상황 말이다. 여기서 서비스 공급자와 자원의 소유자는 소유권을 가짐으로써 이용 약관을 자기 쪽에 유리하게 마음대로 정할 권한을 갖기 때문에 원칙적으로 자신들이 허가하지 않은 행위는 자신들의 서비스나 자원을 비윤리적, 혹은 낭비적으로 사용하는 것에 해당한다고 주장한다. 반면 난독화 행위자들은 그러한 서비스들이 자신들을 약화시키고, 부당하게 이용하고, 위험에 취약하면서 위태롭게 만든다고 주장하며, 그저 통제권, 힘, 혜택의 불균형을 바로잡기 위해, 그리고 위험과 모호함을 줄이기 위해 행동하고 있을 뿐이라고 말한다. 앞서 지적한 바와 같이 이러한 상충하는 주장들을 어떻게 평가하는지가, 예를 들면 트랙미낫이 가짜 검색어를 만들어내는 것 같은 난독화 행위를 낭비적 행위인지 아니면 정당한 행위인지 판단하거나, 금지되는 행위인지 아니면 허용되는 것인지 따져보는 데 영향을 준다. 명백한 윤리적 문제가 얽혀 있지 않은 상황에서는 힘과 특권의 행사에 관한 이러한 정치적 선택들이 정의의 맥시민 원리의 지배를 받게 된다. 그 원리가 어떻게 발현되는지는 예를 들어 트랙미낫, 불라, 러시아 민족주의 트위터 봇의 특징과 각각의 서비스가 작동되는 맥락에 세세한 차이가 존재하는 것처럼, 해당 사례의 구체적인 내용에 따라 달라질 것이다.

무임승차와 관련해, 롤스의 두 번째 원칙은 개인정보로부터 잉여 가치를 취할 수 있다고 약관에서 정하고 있는 데이터 서비스들이 과연 그런 잉여 가치에 대해 정말 자격이 있는지에 관한 물음을 던져보게 한다. 이러한 질문을 통해 우리는 이런 기업들이 이용 약관을 통해 자신들이 갖고 있다고 일방적으로 주장하는 수익과 통제력에 대한 권리가 실은 여러 가지 사회 정책들의 도입을 통해 재분배될 수도 있음을 깨닫게 된다. 난독화 행위자들은 어떤 서비스에 참여할 때의 불이익이 과도하거나 불공평할 경우, 그리고 난독화 행위자들이 저항하는 주장들이 사회 기술적 시스템 덕분에 새롭게 가능해진 정보의 흐름에 정책이 미치는 영향력을 충분히 인식하지 못하는 정권하의 서비스 공급자들이 내놓는 주장들에 불과할 경우에는 난독화 행위자들이 무임승차를 하고 있다고 볼 수 없다. 비슷한 논점이 오염에도 적용된다. 데이터 수집 업체들이 데이터를 수집, 집적해왔으므로 그 데이터의 무결성에 대한 자격을 갖는다는 이유만으로 데이터 수집 업체들을 우호적으로 보는 사람들도 일부 있기는 하지만, 데이터가 사회적으로 갖는 가치가 입증될 수 없다면 오염이라는 주장은 받아들여지지 못할 것이라고 본다. 입증할 수 없다면, 데이터로부터 생기는 가치는 전부, 혹은 거의 대부분 데이터 수집 업체가 가져가는 게 맞다는 주장을 뒷받침할 논거가 필요하다. 그냥 추정만 해서는 안 된다. 숨기 위해 난독화를 이용하는 개인들은 데이터 풀의 순수성을 훼손하거나, 데이터 수집 업체들에게 비용을 지우거나, 데이터의 수집, 집적, 분석을 통해 생겨나는 잉여의 혜택을 데이터 수집 업체들이 가져가서는 안 된다고 주장할 수 있는 것은 사실이지만, 좀 더 큰 그림에서는 데이터의 가치와 데이터 수집 업체들이 펼치는 주장의 정당성도 고려된다. 무임승차라는 비난이 있을 때나 오염이라는 비난이 있을 때, 데이터 소유자들의 사적인 주장과 그에 대한 난독화 행위자들의 반박은 선호나 이해관계의 충돌로 보여진다. 우리가 보기에, 소유권을 논함으로써 해결책을 찾는다는 것은 기술과 데이터의 유동적인 환경에서 이러한 권리들의 범위가 어디까지인가에 대한 질문을 던지지 않을 수 없게 한다. 이 문제는 여전히 정치적 협상과 조정을 통해 고민해볼 수 있는 문제다. 전체의 번영과 사회의 안녕이, 이상적으로는 롤스의 두 번째 원칙의 관점에서 고려돼야 한다.

비난과 도덕적 책임이 누구에게 돌아가야 하는가의 문제는 또한 정치적으로 평가될 수도 있다. 무임승차와 데이터 오염의 책임을 고려할 때, 비록 그 두 가지 경우 난독화 행위자가 뻔한 행위 주체이긴 하지만, 그럼에도 불구하고 난독화 공격 대상의 활동과 사업, 혹은 데이터 관행이 나무랄데 없이 훌륭한 경우가 아니고서야 도덕적 책임은 그 공격 대상에게 있다고 합리적으로 판단될 수 있다. 정의를 고려해야 한다는 것은 혜택의 공평한 분배에서뿐만 아니라 비용의 공평한 분배에서도 똑같이 적용되는 이야기다.[14]

롤스를 포함한 정치 철학자들이 내놓은 정의에 관한 다양한 이론들을 보면, 많은 관심이 주로 향하는 대상인 사회 경제적 스펙트럼의 최하위 계층을 인식하는 상당히 공통된 개념이 존재한다. 난독화의 정치적 위상을 설명하는 데 맥시민 원리가 다양한 방식으로 적절히 적용될 수 있음을 강조하면서, 우리는 잘살고 못살고^{better-off와 worse-off}가 무엇을 의미하는가에 대한 전통적, 혹은 표준적 견해들(권력이 강하거나 약하거나, 부유하거나 가난하거나, 교육 수준이 높거나 낮거나, 건강이 좋거나 나쁘거나 등)이 여전히 유효함을 전제로 했다. 그런 여러 측면의 불평등에, 권력과 지식의 정보 비대칭이라는 이 책의 주제는 맥시민 원리에서 핵심적인, 가진 자와 못 가진 자 사이에 존재하는 두 가지 측면의 차이를 더하고 있다.[15]

정보 정의와 권력과 지식의 비대칭

이 책의 1부에서 소개한 난독화 시스템들을 둘러싼 상황은 보통 권력 비대칭과 지식 비대칭이라는 두 가지 특징을 모두 갖는다. 개인이 갖는 권력과, 개인을 감시하고 활동에 대한 정보를 수집하고 그 결과 정보를 조합하고 분석하는 기관들이 갖는 권력에는 분명 차이가 있다. 심판을 내릴 먹잇감을 눈에 불을 켜고 찾는 불특정 다수의 디지털 대중[16]들의 뭇매 또한 개인에게 향할 수 있다. 1부에서 본 바와 같이, 난독화는 상대적으로 힘 있는 자들이 힘 없는 자들을 억누르기 위해 사용될 수 있고 또 그렇게 사용돼왔지만, 힘 있는 자들에게는 보통 원하는 바를 강요하기 위해 사용할 수 있는 좀 더 직접적인 방법들이 있다. 난독화는 일반적으로 이런 직접적인 방법들만큼 강력하거나 확실한 방법은 아니며, 힘 있는 자들에 의해 극히 드물게, 보통은 또 다른 힘 있는 자들의 주목을 피하기 위해 사용되는 경우가 간혹 있을 뿐이다.[17] 기밀 분류, 검열, 영업 비밀, 국가 폭력의 위협 등 힘 있는 자들이 무언가 감추고 싶은 게 있을 때는 다른 더 나은 방법들이 있기 때문에 굳이 난독화까지 동원할 필요가 적다. 그런 점에서, 공평한 기회를 보장받기 위해 난독화를 시도해볼 만한 상대적으로 힘 없는 사회 구성원들에 대해 생각해보자.

부유하지도 않고 정치적 영향력도 없으며 계약 조건을 거부할 만한 입장이 아닌 사람들, 강력한 암호화를 활용할 만한 기술적 지식이나 능력이 없는 사람들, 그리고 슈퍼마켓 할인, 무료 이메일 계정, 값싼 휴대전화를 찾는 사람들에게 난독화는 통제력의 영구적인 재편 혹은 굳건한 위계질서의 전복까지는 아니라 하더라도 저항, 관심의 거부, 존엄을 행사하기 위한 어떤 방법을 제공한다. 아나톨 프랑스의 표현을 빌면, '법은 그것이 수호하는 존엄한 평등의 측면에서 빈자, 부자 할 것 없이 동등하게 누구든 다리 아래에서 자거나 빵을 훔치는 것을 금한다.'[18] 상황과 필요 때문에 자신에 관한 데이터를 포기해야만 하는 사람들, 즉 제대로 된 집에 비하면 턱없이 보잘것없는 임시 거처라 하더라도 다리 아래의 거처가 절실히 필요한 사람들에게 난독화는 보상 수단을 제공한다.

우리가 권력 비대칭이라 부르는 것은 부, 사회적 계층, 교육, 인종 등 권력을 나타내는 전통적인 요소들과 밀접한 연관성을 갖는다. 오늘날의 데이터 중심 사회에서, 인식 비대칭 혹은 정보 비대칭은 매우 중대한 문제다. 난독화는 이미 알려진 특정 위협들에 대해서는 보상을 제공할 수도 있으며, 불확실한 출처(정부 혹은 기업)로부터의 감춰진, 또는 거의 잘 알려지지 않은 위협들, 존재는 느끼지만 정작 아는 바가 거의 없는 그런 위협들에 대해서도 보호책을 제공할 수 있다. 우리는 이런 '다른 이들'이 우리가 온라인을 돌아다니고, 온·오프라인에서 거래 행위를 하고, 일하고, 소통하고, 사회 활동을 할 때 우리가 만들어내고 내보내는 정보를 수집할 수 있다고 추정하지만, 정확히 어떤 정보를 수집하고, 그 정보를 어디로 보내고, 그렇게 보내진 정보가 어떻게 사용되고, 그것이 어떤 논리를 통해 우리에게 영향을 미치는지에 대해서는 정작 모른다. 이것이 가장 극단적인 형태의 인식 비대칭의 본질이다. 이런 상황에서는 난독화가 어둠 속에서 마구 발버둥치는 것처럼 보일 수도 있겠지만, 이처럼 우리에 대해 알고 있지만 그 정체가 알려지지 않은 존재들에 대항할 수 있는 가능성을 준다.

권력과 통제력의 노골적인 행사에 대응해 이뤄지는 난독화는 익숙한 종류의 저항이지만, 숨어있거나 알려지지 않은 적들에 대해 난독화가 보호막으로 사용될 수 있다는 것은 다른 정치적 위협의 존재를 상기시킨다. 필립 페팃은 저서 『공화주의: 자유와 정부에 관한 한 이론Republicanism: A Theory of Freedom and Government』에서는 자유의 정의를 실질적인 간섭의 부재non-interference가 아니라 지배의 부재non-domination로, 즉 임의적 간섭으로부터 안전한 상태로 본다. '단순히 독단적으로 간섭할 수 있는 힘이 있는 사람들(혹은 정부나 기업 등의 다른 행위자들)이 그 힘을 아마 행사하지 않을 것이라는 데 그치지 않고, 문제의 행위자가 그 힘을 아예 잃는 것을 말한다. 즉 그들이 그 힘을 행사할 수 있는 능력을 박탈당하거나, 아니면 적어도 그럴 능력이 현저히 줄어드는 것을 말한다.'[19] 인식 비대칭의 약자 입장에서 보면, 사다리의 위쪽에 있는 이들은 우리에 관한 정보와 우리가 온·오프라인에서 하는 활동으로부터 생겨나는 정보를 쉽게 손에 넣을 수 있다는 점, 그것도 종종 논리적인 정보 묶음의 형태, 즉 우리를 직간접적으로 통제하고 우리가 무엇을 가질 수 있고 가질 수 없는지, 어디를 가고 갈 수 없는지 결정하는 데 사용될 수 있는 프로파일의 형태로 이용할 수 있음을 우리는 알고 있다. 여러 사회에서 빅데이터 분석이 약속하는 가능성을 받아들이면서, 그리고 연관성 분석과 데이터 무리화가 의사결정에서 지배적인 역할을 하면서, 개인들은 갈수록 통계적으로는 '적절하지만' '말이 안 되는' 결정의 피해자가 될 수 있는 상황에 놓이고 있다.[20] 우리가 원하는 무언가를 갖거나 하지 못하게 될 때뿐만 아니라, 다른 이들이 우리가 이해할 수 없는, 그리고 우리가 독단적이라고 느끼게 되는 그런 방식으로 그 힘을 행사할 수 있는 능력을 가질 때, 우리의 자유는 위태로워진다. 페팃에 따르면 지배가 바로 이런 것이다. 공화주의는 적절한 형태의 법과 정부에 대한 비독단적 종속을 전제로 하지 않는다. 공화주의는 단지 개인들이 독단적 간섭으로부터 안전함을 요건으로 할 뿐이다. 여기서 독단적 간섭이란 '간섭하는 자의 독단적 결정, 의지나 판단에 의해 통제되는 그런 간섭을 말하는 것으로, 특히 간섭을 당하는 자들의 관심과 생각을 추적하도록 강요받지 않는 정도'여야 한다.[21]

정보 사회의 권력 및 지식 비대칭에서의 약자는 지금까지 논의한 것처럼 사실상 빈곤 계층에 해당한다. 즉 감시의 대상으로서 그런 감시가 그들의 운명에 어떤 영향을 미치는지도 잘 모르고 계약 조건을 정할 수 있는 힘이 없는 이들이다. 따라서 롤스의 두 원칙[22]에 따라 정의롭다고 간주되는 사회를 위한 정책을 마련하는 데 이 비대칭들에서 약자 쪽에 있는 이들에게 (윤리적 요건을 준수하는 가운데) 난독화를 통해 그들의 가치, 관심, 선호를 주장할 자유가 허락돼야 한다. 심지어 이것이 지식과 권력 비대칭의 강자들의 이익과 선호에 지장을 가져오는 것을 의미하더라도 말이다. 그러므로 첫 번째 원칙의 윤리 요건을 살펴본 데 이어, 두 번째 원칙인 맥시민 원칙에 따라 지금까지 논의한 사례들에 내재된 상충하는 이익과 선호들 간의 갈등을 해결하는 것을 목적으로 하는 사회 정책은 권력과 지식의 뿌리 깊은 비대칭에서 약자들의 처지를 개선하기 위해 이러한 것들이 잠재적으로 중요한 역할을 하고 있음을 잊지 말아야 한다.

타인의 복지를 위해

이 장을 데이터 난독화가 직면한 가장 까다로운 난제라 할 수 있는 문제로 끝내보려고 한다. 바로 난독화가 데이터 수집 대상인 개개인을 넘어 사회 전체의 이익을 약속하는 시스템을 공격 목표로 삼는 경우, 난독화가 용인될 수 있느냐는 것이다. 우리가 빅데이터에 기반한 인식 및 의사결정의 패러다임에 점점 더 깊숙이 발을 들이면서, 그리고 빅데이터가 공익 증진에 기여할 잠재력으로 희망이 커져가면서, 개인이 참여해야 할 의무와 관련해 의문들이 생겨나고 있다.[23] 난독화 행위자들은 이익에 대해 비용을 치르지 않으려 하고 공익을 위한 일에 힘을 보태지 않는다고 비난받을 수 있다. 그러나 이런 의무의 범위, 그리고 한계가 정확히 어디일까? 개인들은 달라는 대로 무엇이든 내주고, 내용이 어떻든 이용 약관에 무조건 복종하고, 비용이 있더라도 협력해야만 할 의무가 있을까? 예를 들어 희귀병에 걸린 환자가 연구에 참여해 통계 분석에서는 개수가 많을수록 결과가 향상된다는 이유로 그런 통계 분석에 자신의 데이터가 포함되도록 허락하는 것이 다른 사람들에 대한 의무인가? 그리고 만일 비용이 있다면 어떨까?

윤리적인 난독화 행위자의 어려움은 예를 들면 세금을 내거나 군 복무를 함으로써 공익에 기여할 것을 요구받는 윤리적인 시민의 그것과 닮아 있다. 혹자는 그와 마찬가지로 우리가 데이터 공동 저장소에 단순히 기여하는 것에서 나아가 정직하고, 정확하고, 양심적으로 기여함으로써 의무를 다해야 한다고 말할지도 모른다. 설사 어떤 의무감이 있다 치더라도, 더구나 그러한 의무와 관련해 위험이나 비용이 있다면, 어떤 원칙이 그 의무의 형태를 결정하는 것일까? 윤리는 일반적으로 적선을 요구하지는 않으며, 자유민주주의 사회는 다수의 이익을 위해 단 몇 명이라 할지라도 무고한 개인들의 희생을 요구하거나 용납하지 않는다. 과연 어디에 선을 그어야 할까? 어떤 정의의 원칙이 이런 문제에 대해 지침을 주는가?

제레미 월드론은 2011년 9.11 테러 이후 미국 시민들이 안보와 자유 사이의 균형점이 좀 더 안보 쪽으로 기우는 것을 받아들이도록 요구받았음을 관찰했다.[24] 비록 사회 정책이 (하나의 가치, 권리와 또 다른 하나 혹은 그 이상의 가치나 권리 사이에서) 희생을 요구하는 것은 드문 일은 아니지만, 월드론은 그런 희생은 어떤 결과를 가져올지 신중히 고려해 현명하게 이뤄져야만 한다는 점을 상기시켜준다. 한 가지 구체적인 결과는 분배에 미친 영향이다. 손실과 이득, 비용과 이익은 개인 사이에서, 그리고 집단 사이에서 공평하게 나뉘어야 한다. 월드론은 우리가 집단 안보를 위해 대신 어느 정도의 자유를 다같이 포기한다고 말할 때 여기에는 중요한 점이 누락돼 있다고 우려했다. 즉 일부 개인 혹은 집단이 모두의 안보 이익을 위해 상대적으로 과도하게 자유를 잃게 되거나, 일반적으로 희생이 일어날 때 종종 그렇듯 심지어 공동 이익으로부터 완전히 배제될 수도 있다. 이런 경고를 개인정보와 관련한 공동의 이익을 위한 비용 지불에 대한 질문으로 일반화해보면, 이익에 대해 치러야 하는 비용의 총합뿐만 아니라 누가 그 비용을 지불하는지, 누가 그 이익을 누리는지에 대해서도 고려해야 함을 알게 된다. 종종 기업들은 서비스 개선이나 안보를 들먹이며 데이터에 대한 탐욕을 옹호하지만 중요한 세부 내용에 대해서는 모호한 태도를 취한다. 예를 들어, 기존 고객과 데이터 기여자들이 지금까지 기여한 바가 없는 신규 고객들에게 도움을 주고 있는 건지, 그리고 데이터에서 뽑아내는 가치 중 어느 정도가 '모두'에게 돌아가는지, 또 회사에게 발생하는 가치의 비율은 어느 정도인지 등이다. 데이터 수집 대상이 공동 데이터 저장소에 데이터를 기여해야 할 의무의 본질과 범위에 대한 물음들을 해소하려면, 이러한 질문들에 대한 대답이 반드시 이뤄져야 한다.

위험과 데이터

공익 증진에 기여할 빅데이터의 가능성을 손뼉을 치며 환영하는 중에도 위험성을 지적하는 이야기들이 심심치 않게 등장한다. 빅데이터 지지자들은 데이터가 테러와 범죄, 효과 없는 치료법, 잘못된 신용 관련 결정, 열악한 교육, 비효율적인 에너지 사용 등의 위험을 줄여줄 것이라 우리를 믿게 만들려 하고, 이런 주장들은 우리가 공항에서 여행 가방을 순순히 열어 내용물을 보여주듯 개인들이 정보를 선뜻 내어놓도록 납득시키거나 심지어 강제적으로 그럴 수밖에 없도록 만들 것이다. 이런 주장들의 논리에 따르면, 난독화 행위자들은 공동의 데이터 저장소를 약화시키고, 빼앗고, 전복시킨다는 점에서 비윤리적이다. 설득력 있는가? 반박할 수 없는가? 그러나 여기서도 역시 정의가 분배와 공평에 주의를 기울여야 한다고 요구한다. 누가 위험을 부담하고 누가 이익을 누리는가? 그런 주장들을 딱 잘라 일축하지는 않겠다. 하지만 이런 질문들에 대한 대답이 이뤄지고 피해와 비용의 문제가 해결되기 전까지는 그런 의무란 있을 수 없다. 예를 들어 행동 광고 목적으로 소소하게, 언제 어디서나 하는 온라인 추적 행위를 생각해 보자.[25] 광고 네트워크들은 온라인 추적과 행동 광고가 맞지 않는 고객을 대상으로 비용이 많이 드는 광고를 하거나 돈 안 되는 고객에게 매력적인 제안을 하는 광고를 할 '위험'을 줄여준다고 주장한다. 정말로 위험 감소일지도 모르지만, 모두에 의한 정보 제공은 주로 서비스를 제공하는 광고 네트워크 업체들, 아마 광고주들과 어쩌면 그들이 끌어들이고자 하는 매력적인 고객들 같은 단지 몇몇 극소수들의 상황만 좋게 해줄 뿐이다. 앞서 신용 사기를 줄이기 위한 목적의 데이터 집적에 대해 논의할 때 비슷한 논지를 펼친 바 있다. 위험 감소를 들먹이는 것은 종종 전반적으로는 위험이 줄어들지 않는, 혹은 줄어든다 하더라도 모두에게 줄어들지는 않는 상황에 대해 그림을 지나치게 단순화한다. 실제로 일어나는 상황은 위험이 이동되고 재분배되는 것일 뿐이다. 의료 정보의 부적절한 공개에 대해서도 비슷한 경고를 할 수 있다. 의료 정보의 부적절한 공개는 일부 정보 수집 대상자들에게는 위험을 증가시키는 반면, 다른 이들에게는 위험을 줄여줄 수 있다. 가격 차별 목적으로 이뤄지는 데이터 수집 및 데이터 마이닝도 마찬가지로, 소비자들에게 감시의 위험을 가하는 반면 데이터 프로파일링 계획에 참여하는 업체들에게는 위험을 줄여준다.

결론

데이터 난독화는 난독화 시스템을 고안하거나 사용하는 모든 사람이 주의할 만한 중요한 윤리적 문제들을 제기한다. 지금까지 그런 문제들을 면밀히 들여다보고 윤리적 관점에서 그 문제들을 판단할 때 관련 있는 맥락과 조건들을 살펴봤다. 그러나 윤리적 문제들에 대한 판단에서 정치적이고 편법적인 차원의 고려가 필요한 경우도 많다는 것 또한 알게 됐다. 논쟁이 사회적 목적의 상대적 중요성과 윤리적, 사회적 가치의 상대적 중요성에 대한 이견에 따라 좌우될 때는 정치가 개입된다. 또 도덕과 관련 없는 대립되는 주장들, 재화의 배분, 위험 분배의 이점을 다룰 때 역시 정치가 영향력을 발휘한다. 정치적 문제의 영역으로 들어갈 때는 난독화가 정의의 관점에서 요구되는 기준들을 충족하는지 반드시 평가해봐야 한다. 그러나 난독화 행위자들이 그런 평가를 거쳐야 한다면, 데이터 수집 업체, 정보 서비스, 추적 업체, 프로파일링 업체들 역시 평가를 받아야 할 것이다. 데이터의 가능성과 실제를 둘러싸고 수많은 이야기들이 나오지만, 정의와 위험 이동의 문제에 대해서는 충분한 논의가 이뤄지지 않고 있다. 현직 정책 담당자들은 데이터 체계에 보호책과 완화책은 거의 포함시키지 않고 있다. 이러한 상황에서 난독화는 강자에 의한 약자의 지배를 막는 기능을 함으로써 정당성을 얻는, 균형의 추구를 위한 수단을 제공한다. 정의로운 사회는 이런 탈출구를 열어주는 사회다.

5

난독화의 효과

난독화가 어떻게 성공할 수 있을까? 어떻게 하면 상관없는 데이터를 만들어내는 몇몇 개인의 노력이 구글, 페이스북, 액시엄, 미 국가안보국 같은 데이터 거물들은 고사하고, 자금력 있는, 작정하고 달려드는 기관들에 맞서 대항할 수 있을까? 이런 의구심에 거듭 직면하면서, 우리는 사람들이 난독화가 실체화된 구체적 사례에 대해, 혹은 일반적인 난독화에 대해 '하지만 그것이 통하나요?'라고 물을 때 적당한 합리적인 대답은 '네. 하지만 경우에 따라 달라요.'라는 것을 알게 됐다. 목표, 난독화 행위자, 적, 가용 자원 등에 따라 달라진다는 것이고, 결국 이러한 것들은 계획과 실행을 위한 수단, 방법, 원칙을 의미한다.

앞서 상상했던 전형적인 시나리오에서는 개개인들이 정보 생태계 속에서 역할을 하지만, 그 역할이 스스로 만들거나 선택한 것이 아닌 경우가 많다. 이러한 생태계를 기획하고, 운용하고, 관리하고, 소유한 사람들에 비해 데이터 수집 대상인 개개인들은 지식이나 권력, 혹은 둘 다에서 비대칭적인 관계에 놓이게 된다. 이 개인들은 자신들에 관한, 혹은 자신들에 의해 생산된 정보가 그 관계에 필요하다는 사실은 알고 있지만, 모르는 것도 많다. 얼마나 많은 정보를 수집하는가? 그 정보로 무엇을 하는가? 그들이 어떤 영향을 받을 것인가? 웹 검색에서 안면 인식에 이르기까지 알면서든 모르면서든 속하게 된 그런 생태계들에 대해, 그런 생태계 속의 관행들이 부적절하다고 생각하거나 그렇다는 것을 인식은 하지만 그럼에도 불구하고 동시에 자신이 그 생태계를 떠나서는 제대로 기능할 수 없다는 것, 그렇다고 해서 그 생태계 내부에 진정한 변화를 일으킬 능력도 없다는 것쯤은 인식할 수 있다.

'난독화가 통하는가, 즉 개인정보에 관한 약관의 일방적인 변경이 어떤 난독화 프로젝트로 인해 달성되는가'라는 질문은 특정 문제 해결 기술에 관한 단순한 질문처럼 보이지만, 좀 더 자세히 들여다보면 사실은 여러 개의 질문이다. 난독화가 통하는지 여부는 현재 상황의 특징, 약관의 바람직한 변경 내용, 그 바라는 점이 충족됐음은 무엇으로 판단할 수 있는지, 고려되는 특정 난독화 프로젝트의 구조와 특성 등에 따라 결정된다. 이것이 '그것이 통하나요?'라는 질문에 '경우에 따라 다릅니다.'라고 대답하는 것이 경솔한 대답이 아닌 이유다. 그보다, 어떤 특징들이 하나의 정보 생태계를 난독화가 통할 수 있는 생태계로 만드는지 체계적인 측면에서 고려해보자는 제안이다. 이러한 고려 사항들에서 나아가, 우리는 난독화 프로젝트의 가능한 모델들을 그런 프로젝트를 주도하는 사람들과 사용자들이 가질 만한 다양한 목표들로 도식화해보고자 한다.

그러므로 우리는 이 장을 통해 두 가지 질문에 대답해야만 한다. 우리는 '난독화가 통할까?'라는 질문을 '어떻게 하면 난독화가 나에게, 그리고 내 특정 상황에 통할 수 있을까?' 혹은 '난독화가 일반적으로 통하는가?'라는 의미로도 해석해볼 수 있다. 우리는 이 두 질문에 모두 대답할 것이다. 전반적인 대답은 간단하다. 그렇다. 난독화는 통할 수 있다. 하지만 난독화가 실제로 통하는지와 어느 정도까지 통하는지는 위협에 대응하고, 목표를 달성하고, 다른 구체적인 변수들을 충족하기 위해 어떻게 실행되는지에 따라 달라진다. 이 장은 난독화가 잘 적용되려면 다뤄야 한다고 생각되는 몇 가지 질문을 제시하고 있다.

5.1 뚜렷한 목표 정립의 중요성

보안과 프라이버시 이론의 세계에서는 '그것이 통하는가?'라는 질문에 대한 대답은 무조건 '경우에 따라 다르다.'라는 게 이제는 확립된 정설이다. 무언가를 안전하게 지키려면, 즉 사적인 것으로, 혹은 안전하게, 혹은 비밀로 지키려면 대신 무언가를 희생해야 하며, 그중 많은 부분에 대해 이미 앞서 다뤘다. 보안에는 시간, 돈, 노력, 주의가 들고, 조직과 개인 차원의 마찰을 감수해야 하면서 편의도 포기해야 하고, 많은 도구와 서비스에 대한 접근도 제한된다. 개인에 대한 디지털 감시로부터의 거의 완전한 자유는 결국 간단하다. 인터넷도 없고, 전화도 보험도 자산도 없고, 화물칸에 무임 승차를 하고, 불법 막노동을 하며 장부 외 노임을 받는 1920년대 밀입국 이주 노동자의 삶을 살면 된다. 간단하다. 하지만 매우 높은 비용이 수반되는 것은, '모든 것'이 위협을 받는 이 모델의 위협 범위가 말도 안 되게 넓기 때문이다. 조직 차원에서 보안의 대가를 생각할 때는 스파이 영화를 패러디한 텔레비전 시리즈인 '겟 스마트Get Smart'에 등장하는 '불청범위Cone of Silence'를 생각해볼 수 있다.[1] 극비 회의를 위해 사용되는 이 불청범위는 효과가 너무 탁월하다 못해 그 안의 사람들까지도 서로의 말을 들을 수 없게 만든다. 완전히 사적인데, 어이없게도 참 쓸모없는 것이다.[2]

위협 모델은 적이 무엇을 찾고 있는지, 그리고 그들이 그것을 찾을 능력이 있는지 알 수 있게 도와줌으로써 보안과 프라이버시의 비용을 낮춰준다. 그럼으로써 그런 위험들을 특별히 관리해 막을 수 있다.[3] 자신의 조직이 그 조직의 정보 보안에 대한 까다로운 공격을 포함하는 어떤 위험에 직면하고 있다는 것을 안다면, 당신은 조직의 컴퓨터에 있는 모든 USB 포트를 고무 접착제로 틀어막고 민감한 정보는 네트워크에 전혀 연결되지 않은 외부와 완벽히 차단된 기기에 보관해야 한다. 하지만 자기 조직이 그런 위험에 처했다고 믿지 않는다면, 왜 사람들이 유용한 USB를 사용할 수 없게 하는 것일까? 일반적으로 난독화는 필연적인 노출에 의해 형성되는 그런 종류의 위협과 관련해 유용하다. 앞서 계속 강조해온 것처럼, 난독화 행위자는 이미 어느 정도 노출돼 있다. 레이다에, 공적인 법률 기록들을 철저히 조사하는 사람들에게, 보안 카메라에, 도청에, 웹 검색 공급 업체에, 그리고 일반적으로 서비스 약관에서 정의된 데이터 수집에 노출돼 있다. 더구나 난독화 행위자는 거의 알려지지 않은 정도지만 정보 비대칭의 약자 위치에 노출돼 있으며, 이 알려지지 않은 노출은 시간이 지날수록, 미래의 데이터 유통과 분석 시스템에 의해 더욱 악화된다. 우리는 이러한 노출을 난독화가 할 수 있는 역할을 규명하기 위한 출발점으로 삼고자 한다.

바꿔 말하자면, 우리는 적용 가능한, 모범 사례로서의 위협 모델은 갖고 있지 못하다. 사실 난독화 행위자에게는 그런 모델을 조립해낼 수 있는 충분한 자원, 연구, 훈련이 없을 수도 있다. 거부해야 하는 선택을 받아들이길 요구받는 불리한 처지에서 작전을 펼치고 있는 셈이다. 만일 그런 경우라면, 우리는 어떻게든 하며(아래에서 더 다루겠다.) 우리가 무엇을 달성하고 싶은지에 대해 분명히 인식해야만 한다. 미국 십대들의 소셜 미디어 사용에 관한 다나 보이드의 연구를 살펴보자. 미국 십대들은 엄청나게 많은 조사의 대상이 되는 상황에 처하는데, 그런 조사는 거의 대부분 본인의 동의나 (부모, 학교, 그 밖의 권위 있는 사람의) 통제 없이 이뤄진다. 소셜 미디어는 이런 십대들을 대상으로 더 많은 조사가 가능하게 하는 듯하다. 이들은 조사에 기본적으로 노출된다. 사실 모든 사람에게 노출되는 것처럼 보이는 것이 프라이버시 관점에서는 본인에게 유리하다. 보이드는 "십대들은 어떤 기술을 접하면 자신이 달성하고자 하는 목적에 기초해 결정을 내린다."며[4] 십대들의 목적은 의미는 공유하지 않고 콘텐츠만을 공유하는 것인 경우가 많다고 지적한다. 그러나 십대들이 자기들끼리만 소통할 수 있는 비밀 공간을 만들기는 사실 어렵다. 부모들은 아이들의 소셜 네트워크 계정 비밀번호와 휴대폰을 감시할 권한을 요구할 수 있고 또 실제로 요구한다. 대신 아이들은 모든 사람이 자신이 하는 것을 볼 수 있음을 가정한 다양한 방법들을 사용하고, 그에 따라 행동하면서 소수의 사람들만 자신 행위의 의미를 이해할 수 있게 한다. "의미에 대한 접근을 제한하는 것은 콘텐츠 자체에 대한 접근을 제한하는 것보다 프라이버시를 달성하는 데 훨씬 더 강력한 도구가 될 수 있다."[5] 방법적으로는 꼭 난독화를 사용하지는 않지만(그들은 미묘한 사회적 신호, 언급, 뉘앙스를 주로 이용해서 다른 청자에게 다르게 읽히는 콘텐츠를 만들어내는 '사회적 비밀 메시지steganography' 방법을 사용한다.) 십대들의 행태는 목표를 이해하는 것이 왜 중요한지를 보여준다. 사라지거나 정보에 대한 완전한 통제를 유지하는 것(이는 아마 불가능할 것이다.)이 목표가 아니라, 누구나 볼 수 있는 행위지만 이를 정확하게 해석할 수 있는 대상을 소규모의 무리로 제한하는 것이다.

이는 난독화에도 거의 그대로 적용된다. 난독화의 일부로 그동안 모은 많은 사례와 방법들은 발견, 노출, 취약성을 출발점으로 삼아 특정한 목표를 다른 표현 방식을 통해 성취한다. 앞서 논의한 많은 사람들은 이제 어떤 종류의 데이터 수집과 분석은 피할 수 없게 됐다. 따라서 그렇다면 질문은 "난독화 행위자가 난독화로 하고자 하는 것은 무엇인가?'가 된다. 이 질문에 대한 답은 어떤 난독화 방식을 선택할지를 결정할 때 기준으로 삼을 수 있는 일련의 변수들(선택, 제약, 메커니즘)을 제공한다.

5.2 난독화의 목적

열 수 없는 금고는 존재하지 않는다. 금고는 시간에 따라 평가된다. 즉 도둑이 (다양한 도구가 주어진다고 할 때) 금고를 여는 데 시간이 얼마나 걸리는지에 따라 평가된다.[6] 금고는 문의 자물쇠, 경보기, 경비원, 경찰관 등 다른 보안 수단들에 더해 보완적인 보안 수단으로 구매하게 된다. 여는 데 1시간이 걸리는 금고와 경보기는 아마 경찰이 20분 안에 출동하는 지역에 적합할 것이다. 이를 조금 추상화해봄으로써 난독화의 목표를 규정해볼 수 있다. 난독화를 활용한 방법의 장점은 (금고처럼) 단일한 객관적인 기준에 의해 측정되는 것이 아니라, 목표와 맥락과의 관계 속에서 측정된다. 즉 '충분히' 강한지 보는 것이다. 난독화의 성공 여부는 늘 그 목적에 따라, 그리고 제약, 장애물, 인식과 힘이 불균형한, 공평하지 않은 경쟁의 장을 고려해볼 때 상대적이다.

여러 가지 난독화의 예를 모으면서, 우리는 수도 없이 언급된 일반적인 목표와 목적들이 수렴됨을 확인했다. 물론 하나의 시스템이 여러 개의 목적을 수행할 수도 있고, 중간 단계의 목적이 때로는 다른 목적을 달성하기 위한 수단으로 쓰일 수도 있기는 했지만 말이다. 더 세밀한 구분도 가능하나, 난독화의 계획과 실행에 좀 더 쉽게 적용할 수 있도록 여러 목적들을 단순화해 크게 몇 가지 목표로 정리해봤다. 시간을 버는 것에서부터 저항을 표출하는 것까지 이러한 목표들을 대략 포함 관계에 따라 나열했다. 다섯 번째 목표인 프로파일링 방해는 위장 제공하기 같은 이전 목표들 중 일부를 포함할 수 있고, 여섯 번째 목표인 저항 표출에 포함될 수 있다. (가상 공간에서 모든 난독화는 감시 목적으로 데이터를 빠르게 분석하고 프로세싱하는 것을 어쨌든 더 어렵게 만든다는 점에서 모든 상위 목표는 첫 번째 목표인 시간 벌기를 포함한다.) 자신의 프로젝트에 맞는 목표가 무엇인지 파악해보면서 난독화라는 사다리를 이루는 복잡하고 다양한 난독화 방법들을 한 계단 한 계단 차근차근 따져보는 것이다.

회의적인 독자들(우리 모두가 회의적이겠지만)은 선거 관련 시위를 막기 위한 트위터 봇의 사용, '좋아요'를 모으는 소셜 네트워크 사기 수법, 또는 동일 기업 집단 내 계열사의 기업 복지 등 힘 있는 집단에 의해 악의적 목적으로 사용되는 난독화의 예에는 크게 중점을 두지 않고 있음을 알아차릴 것이다. 이 장에서는 긍정적인 목적으로 난독화가 어떻게 사용될 수 있는지에 초점을 맞추고자 한다.

앞 장에서 던진 질문들에 스스로 만족할 만한 대답을 할 수 있다면 이번 장을 읽을 준비가 된 것이다. 먼저, 시간을 벌기 위해 난독화를 사용하고자 하는 경우부터 시작해보자.

시간 벌기

레이다 채프는 효과가 있었다고 할 수 있을까? 결국 레이다 채프는 겨우 몇 분을 버티다 떨어졌고 레이저 전파 탐지기가 다시 상공을 장악했다. 하지만 물론 그때는 이미 비행기가 사정권을 벗어난 뒤였다.

시간을 벌기 위한 목적의 일시적인 난독화 시스템은 어떤 의미에서는 명쾌할 정도로 간단하지만, 복잡한 물리적, 과학적, 기술적, 사회적, 문화적 환경에 대한 깊은 이해를 필요로 한다. 일정 시간을 벌거나 가능한 한 오래 버텨야 성공인 것이 아니다. 단지 충분한 시간을 벌면 된다. 동일한 공범들을 쓴다거나, 그냥 서류 검토 과정을 더디게 하거나, 요식 절차를 거쳐야 한다거나, 거짓 정보에서 참인 정보를 가려내도록 하는 것 등이 이러한 목적으로 사용될 수 있다. 대부분의 난독화 전략은 프라이버시 보호나 저항을 위한 다른 기술과 함께 사용될 때 가장 큰 효과를 발휘하지만, 그중에서도 시간 벌기 방법이 특히 그렇다. 시간 벌기 방법은 이미 존재하는 회피와 저항의 다른 수단들, 그리고 적이 누구인지에 대한 명확한 인식에 따라 성패가 좌우된다(5.3절의 질문들을 참조하라).

위장 제공

이 목적과 다음 목적은 서로 관련이 있지만 다르며, 상당히 많은 부분이 겹친다. 이 둘은 한 가지 문제를 다른 각도에서 접근한다. 적이 특정 활동이나 성과, 대상을 그 행위 주체와 확신을 갖고 연결하지 못하게 막는 것이다. 위장을 위한 난독화는 다른 행위들 사이에 해당 행동을 숨기는 방법을 포함한다. 어떤 방법은 조사에 버티기 위해 쓰이기도 하고, 또 어떤 방법은 감시를 피하기 위해 맥락상 그럴듯한 위장 전략에 기대기도 한다. 웅성거리는 소리가 녹음된 테이프를 생각해보자. 십수 가지 목소리 속에 메시지가 묻혀 있다. 화자가 말하고 있다는 것은 알지만 무슨 이야기를 하고 있는지 알 수 없다. 혹은 불라^{Vula} 작전이 결국 정착한 전략을 떠올려보자. 단순히 암호화된 이메일이 아니라 여느 국제 기업에서 흔히 볼 수 있는 그런 암호화 이메일이었다. ANC 정보원들의 커뮤니케이션은 감찰을 피하기 위해 자신의 메시지와 비슷한 다른 메시지의 트래픽을 사용함으로써 (암호화와 월등한 운영 보안에 더해) 보호 수단을 한 겹 덧씌우는 방식으로 위장한다. 어떤 방법은 조사를 받는다는 것을 기정사실로 받아들이고, 어떤 방법은 애초에 눈에 안 띄려고 노력한다. 각기 그 상황에 맞는 방법이다.

사실 부인 가능성 제공

위장을 제공하는 것이 다른 행위들 사이에 어떤 행위를 감춘다면, 사실 부인 가능성을 제공하는 것은 '결정'을 감춤으로써 어떤 행위를 확신 있게 그 행위 주체와 연결 짓기 어렵게 만든다. 토르 릴레이를 돌리는 것의 한 가지 장점은 혼란을 한 겹 더 만들어낸다는 것이다. 이 트래픽이 당신에게서 시작되는 것일까? 아니면 당신은 다른 누군가를 위해 전달만 하는 사람인 것일까? (트랙미낫이 비슷한 방식을 취한다. 프로파일링 개입에 대한 부분에서 더 자세히 다루겠다.) 마찬가지로, 유출 사이트에 가짜로 업로드하는 방법을 사용하는 것을 생각해보라. 이는 특정 파일이 한 세션 동안 어떤 특정 IP 주소에 의해 업로드됐음을 명확하게 밝히기 어렵게 만든다. 마지막으로, SIM 카드를 뒤섞는 것 같은 아주 간단한 방법을 생각해보자. 이는 전화기를 소지하고 전화를 거는 행동을 감춰주지는 않지만, 언제나 이 사람이 이 전화기를 갖고 있다는 것을 확신하기는 어렵게 만든다. 사실 부인 가능성을 제공하는 것은 위장을 제공하는 것이나 개별 감시를 막는 것과 다소 구분이 모호하기는 하나, 적이 범인을 제대로 짚었다는 확신을 원한다는 것을 아는 경우에는 특히 유용하다.

개인 노출 방지

이 다소 색다른 목표는 언뜻 들으면 너무 일반적으로 들릴 수 있다(모든 난독화 방법이 개인 감시를 막으려는 것 아니던가?). 하지만 여기서는 아주 특수한 어떤 것을 의미한다. 어떤 난독화 방식들은 개인, 회사, 기관, 정부들이 집적된 데이터를 사용하면서도 그 데이터가 어떤 특정 개인을 감시하는 데 사용되지는 않도록 할 수 있는 능력을 갖는, 긍정적인 사회적 결과를 달성하는 데 큰 효과를 발휘한다. 프라이버시 보호 참여형 센서는 어느 특정 차량에 대한 정확도 높은 정보는 전혀 드러내지 않으면서 트래픽 흐름을 보여주는 가치가 높은 집적 데이터를 수집할 수 있다. 캐시클록^{Cachecloak} 은 위치 기반 모바일 서비스가 갖는 중요한 사회적 유용성을 유지하면서도 그런 서비스의 공급자들이 사용자를 추적하지 못하도록 한다(그리고 돈을 벌 다른 길을 열어둔다). 포인트 적립카드를 공유해 여럿이 돌려 쓰는 것은 식료품점과 소매점들에게는 바라는 혜택 대부분을 가져주면서도(포인트 카드는 사업을 바라는 방향으로 끌어가게 해주고 유용한 인구학적 데이터, 우편번호, 혹은 구매 데이터를 제공한다.) 특정 고객에 관한 기록 전체를 엮지는 못하게 한다.

프로파일링 방해

난독화 사다리의 또 다른 계단인 프로파일링 방해는 개인에 대한 감시 또는 집단에 대한 분석을 방해하거나, 위장 또는 사실 부인 가능성을 제공하거나, 데이터 관련 작업의 비용(시간과 돈의 측면에서)을 증가시킬 수 있다. 이는 집적된 유용한 데이터를 건드리지 않고 그대로 두거나, 아니면 그런 데이터를 애매함, 그럴듯한 거짓말, 터무니없는 소리로 포장할 수 있다.

보텍스Vortex는 쿠키를 바꿔치기하는 기술로, 사용자가 여러 신분과 프로파일 사이를 쉽게 옮겨 다닐 수 있게 해준다. 프로토타입 단계 이후에까지 널리 사용됐다면 광고 목적의 온라인 프로파일링을 쓸모없게 만들어버렸을 것이다. 앞서 설명한 다양한 '복제'와 허위 정보 서비스들도 프로파일링의 신뢰도를 떨어뜨리는 데 쓰일 수 있는 비슷한 도구들을 제공한다. 트랙미닷은 검색 프로파일 전반의 신뢰성을 떨어뜨리기 위한 더 큰 목표를 추구해 검색어 부인 가능성을 제공한다(예를 들어, '티 파티 가입'이나 '털로 뒤덮인 자위 기구'에 관한 검색어가 당신으로부터 나온 것일까, 아닐까?). 어느 검색어를 신뢰할 수 있는가? 어느 검색어가 해당 검색기가 어떤 클러스터에 적합한지를 결정하는가? 어느 검색어에 광고를 달아야 하며, 그리고 법원 명령이 있을 경우 어떤 사용자 활동과 사용자 ID를 제공해야 할까?

저항 표출

물론, 트랙미낫은 다른 많은 예들과 마찬가지로 저항의 몸짓이다. 예를 들어 포인트 카드를 돌려 쓰는 사람들과 가이 포크스 가면을 쓴 군중처럼 말이다. 많은 난독화 전략들은 앞서 언급한 목표들을 달성하거나 아니면 어떤 기여를 할 수도 있고, 불만이나 거부를 표출하는 방법으로도 사용될 수 있다. 자신의 난독화 방법에 대해 지속적으로 던져야 하는 질문은 그것이 자신을 눈에 띄지 않게 하려는 의도인지, 무해한 존재인 것처럼 보이려는 것인지, 아니면 자신의 반대 의견을 알리려는 것인지다.

5.3 난독화 프로젝트를 판단하기 위한 질문

자신의 목표를 정했다면, 그 목표들에 기반해 난독화 프로젝트의 구성 요소를 결정하는 네 가지 질문으로 눈을 돌려보자. 여섯 가지 목표들과 마찬가지로 이 네 가지 질문들 사이에도 다소 겹치는 부분이 있다. 이 질문들은 어떤 난독화 시스템이 어떻게 작동하는지 결정하며, 서로 완전히 별개인 요소들이 아니라 어느 정도 영향을 주고받는다. 난독화를 실행할 때 어떤 역할을 하는지에 따라 다음과 같이 나눠봤다.

개인 vs. 집단

당신의 난독화 프로젝트는 한 사람에 의해 효과적으로 수행될 수 있는가, 아니면 집단 행동이 필요한가? 한 명이 가면을 쓰면 그 사람은 가면을 쓰지 않은 사람에 비해 더 쉽게 눈에 띄고 추적될 수 있지만, 100명이 똑같은 가면을 쓰면 한 무리로서 집단적 정체성을 갖게 되며, 무리의 행동에 대해 개인의 책임을 묻기 어렵게 만든다. 어떤 난독화 프로젝트는 개인이나 소규모 집단에 의해서도 물론 가능하긴 하지만, 많은 사람들이 가담하면 더 효과적인 경우가 있다. 그 반대도 마찬가지다(아래의 '알게 vs. 모르게' 절을 보라). 무리에 섞여 들어가 눈에 띄지 않게 하는 방법은 그렇게 해서 조사를 피하는 효과를 노리는 것으로, 너무 많은 이들이 이 방법을 쓰면 오히려 노출에 더 취약해지고 만다.

이 질문에 어떻게 답하느냐에 따라 결과 역시 두 갈래로 나뉜다.

첫째, 집단 행동에 기초한 난독화 기법은 '네트워크 효과'를 통해 많은 사람들에 의한 사용을 더욱 촉진할 수 있다. 어떤 난독화에 더 많은 사용자가 가담할수록 모든 사람에게 더 믿을 만하거나 강력한 방법이 된다면, 그 난독화에 가담할 때의 혜택이 분명해져서 더 폭넓은 사용을 촉진할 수 있는 수준이 어느 정도인지를 고려해 시스템을 고안할 수 있을 것이다. 당신의 기법이 정말 효과를 발휘하려면 얼마나 많은 사용자의 가담이 필요한가? 만일 그렇다면, 어떻게 그 수준까지 도달할 것인가? 이 지점에서, 그 기법이 '확장'될 수 있는지에 대해, 즉 그 기법이 일단 다수에 의해 빠르게 받아들여지고 난 뒤에도 계속해서 유용성을 제공할 수 있는지에 대해 생각해볼 수 있을 것이다. 이는 또한 유용성과도 관련이 있다. 성공하기 위해서는 다수의 사용자가 필요한 기법은 그 기법이 어떻게 하면 즉각 사용될 수 있고, 이해될 수 있으며, 친숙하게 사용될 수 있는지에 대해 많은 고민이 필요하다. 당신의 난독화가 다수의 사용자를 필요로 한다면, 그에 대한 계획에는 그런 다수의 사용자를 어떻게 확보할지에 대한 것도 반드시 포함돼야만 한다. 예를 들면 토르 프로젝트는 전문가가 아닌 사용자들의 접근성을 더 높여야 한다는 필요성을 인식한 시스템이다.

둘째, 상대적 모호성에 기대는 전략, 즉 널리 사용되지 않는 전략이나 혹은 적이 찾고 있는 것과는 다른 전략을 취하면 남들과 다르다는 점에서 유리할 수 있다.

알게 vs. 모르게

어떤 난독화는 데이터를 만들어내는 과정에서 무해한 데이터 속으로 섞여 들어감으로써 감시를 피한다. 또 어떤 난독화는 그런 방법을 이용해 감시에서 빠져나간다. 어떤 목표를 달성하려고 어떤 난독화 기술을 사용한다고 할 때, 적이 그 기술이 사용되고 있다는 사실을 알고 있다면, 또는 그 기술이 어떻게 돌아가는지까지도 자세히 알고 있다면 그 기술이 통할 수 있을까?

시간을 버는 것만이 목적인 많은 기술들의 경우에는 그 답이 중요하지 않다. 예를 들어, 적의 레이다 담당 사관이 레이다에 표시된 많은 점들이 진짜 항공기를 나타낸다고 생각하는지 여부는 적의 반격 능력에 아무런 차이를 가져오지 않는다. 그 레이다 담당 사관의 대응을 10분만 늦출 수 있으면 채프의 난독화는 성공하는 것이다. 더 복잡한 난독화 기법들은 적이 그 기술이 사용되고 있는지를 아는지 모르는지에 따라 다른 목표를 달성할 수 있다. 예를 들어, 애드너지앰^AdNauseam이 가동되고 있음을 적이 모르는 경우에는 무차별적인, 의미 없는 활동으로 광고 클릭 기록을 채워서 적의 프로파일링 작업 자체를 막을 수 있다. 적이 아는 경우에는 해당 개인에 대한 프로파일링을 방해하는 동시에 저항을 표출하는 효과가 있다. 비웃듯 거부를 표현하는 제스처로 알려진 방법이다(내가 광고 몇 개를 클릭하는지 보려고 감시 프로그램을 만들어? 전부 클릭해주마!).

그러나 어떤 경우에는 그 차이가 중요하며 그에 대한 설명이 꼭 필요하다. 난독화의 목표가 장기적으로 데이터베이스의 효과나 가치를 떨어뜨리는 것이라면, 그래서 적이 그것을 계속 사용하다가 결국 허위 정보에 기반해 행동하도록 하는 것이라면, 그럴듯한 의심 출처들이 계속 드러나지 않도록, 그래서 적이 그 출처들을 색출해 삭제하거나 대응하지 못하도록 하고 싶을 것이다. 형태를 막론하고 하고자 하는 난독화의 주된 역할이 공적

항의의 표현이라면, 그러한 난독화의 본질이 명확히 표시되도록 함으로써 순종이 아니라 거부의 표현으로서 받아들여질 수 있도록 해야 한다.

선별적 vs. 일반적

이 질문은 다른 모든 질문들 중 가장 복잡한 질문으로, 그 대답에 따라 도출되는 네 가지 서로 다른 결과를 반드시 고려해봐야 한다.

위에서 논의된 각 목표들은 정도의 차이는 있지만 난독화의 대상이 되는 적에 대한 어느 정도의 이해를 필요로 한다. 그러나 위협 모델을 수립했든, 아니면 알고 있는 지식을 토대로 추측한 것에 불과하든, 적에 대한 이해는 단편적이며 중요한 요소가 빠져 있다거나 제대로 되지 않은 경우가 많다. 난독화에서 맨 처음 흥미로웠던 것은 사람들이 자신의 프라이버시와 관련해 직면한 문제를 충분히 이해하지 못하는 경우가 많음에도 불구하고 그런 사람들이 난독화를 사용한다는 것이었다. 유료거나 기밀이거나, 아니면 그들이 이해할 수 없는 기술과 기법에 의존한 방법이거나, 아니면 자신의 데이터를 너그럽게 내놓은 사람들까지 '적들'의 대상에 포함되는 경우, 혹은 현재뿐만 아니라 미래의 취약점 모두에 문제가 존재하는 경우들이었다. 난독화의 한계가 어디까지인지 명확히 이해하는 것, 즉 적이 누군지 아는 것뿐만 아니라 우리가 무엇을 모르는지에 대해서도 명심해야 하며, 민감한 정보를 보호하기 위해 단 한 가지 기법에만 의존하는 것은 경계해야 한다. 이 점은 어느 특정 난독화 전략이 어떻게 통제되는가라는 질문으로 이어지게 된다. 누군가의 자취를 감추기 위한 일반적인 시도인가, 아니면 내가 만들어내는 난독화 잡음은 내가 어느 정도 알고 있는 특정 위협에 맞춰진 것인가? 이 질문에 대한 대답에 따라 몇 가지 추가 질문을 던져볼 수 있다.

첫째, 당신의 난독화 전략은 어느 특정 적을 표적으로 하는가, 아니면 당신에 관한 데이터를 모으고 활용하고 있을지도 모르는 일반적인 누군 가를 표적으로 하는가? 분석을 지연시키거나 막으려는 구체적인 목표점 이 있는가, 아니면 그저 가능한 한 먼지를 많이 일으키려고 하는 것인가? 애플이 취득한 '복제' 특허에 기술된 전략은 바로 후자의 예다. 특정 사용 자의 복제품을 많이 만들어주는 기술로, 모든 복제품들이 데이터를 수집 하고 있을지도 모르는 누구에게든 그럴듯하게 보이는 데이터를 생성한다. 적이 누구인지, 그리고 적이 사용하는 기법과 목표가 무엇인지 안다면, 난 독화를 훨씬 더 정확하게 활용할 수 있다.

적을 안다면 두 번째 질문에 답할 차례다. 그 적이 당신을 (또는 특정 집 단을) 목표로 하는가, 아니면 좀 더 일반적인 데이터 집적 및 분석 대상에 당신이 포함되는 경우인가? 전자라면, 당신의 데이터 중 일부에 대해 선별 적으로 잘못된 데이터를 전달할 방법을 찾아야 한다. 후자인 경우 난독화 행위자가 해야 할 일은 달라진다. 허위 데이터의 생산은 많은 개인들에 관 한 데이터에서처럼, 그 형태가 훨씬 더 광범위할 수 있다.

이는 결국 세 번째 질문으로 이어진다. 당신의 기법은 선택적인 이익을 제공하게 되는가, 아니면 일반적인 이익을 제공하는 것을 목적으로 하는 가? 데이터 감시 활동 중 어느 정도의 비중이 개인을 조사하려는 목적이 아니라 더 큰 집단들로부터 뽑아낸 추론들을 이용하려는 것인지에 따라, 동일한 난독화 행위가 어쩌면 내 흔적만을 읽을 수 없게 하는 정도에 그칠 수도 있고, 아니면 프로파일과 모델들 전체의 신뢰도를 떨어뜨리는 작용 을 할 수도 있다. 또 그런 가능성들은 각각 다른 어려움들을 제기한다. 예 를 들어 트랙미낫이 효과적으로 기능한다면, 해당 난독화 행위를 한 행위 자뿐만 아니라 데이터 세트에 포함된 다른 사람들의 프로필에 대해서도 의구심을 갖도록 할 수 있다.

난독화가 누구에게 이익을 주는지 생각하다 보면 다시 네 번째 질문으로 이어진다. 당신의 목표는 일반적으로 판독이 어려운 데이터를 생산함으로써 아무도 무엇이 진짜고 무엇이 난독화 전략인지 알지 못하게, 혹은 알 필요가 없게 만드는 것인가? 아니면 적은 아무 정보도 못 얻는데(혹은 아주 적은 한정된 정보만 얻을 수 있지만) 무엇이 진짜인지 알 필요가 있는 사람들에게는 진실을 알려주는 난독화 처리된 데이터를 만들어내는 것인가? 페이스클록^{FaceCloak}을 생각해보자. 페이스북에 의미 없는 잡음을 제공하면서도 진짜인, 핵심적이면서 개인적이고 사회적인 데이터를 친구들에게는 그대로 보여줌으로써 개인적인 데이터에 접근하지 못하게 막는 시스템이다. 혹은 예를 들면 인구 조사 데이터와 같이 자원을 효과적으로 할당하기 위해서나 효율적으로 관리하기 위해 사회적으로 가치 있는 종류의 데이터를 보존하면서도 그 안의 개별 데이터 주체의 식별을 막도록 고안된 시스템을 생각해보자. 선별적으로만 읽을 수 있는 시스템을 만드는 것은 그저 일반적으로 그럴듯한 거짓말을 하는 것보다 훨씬 더 어렵지만, 선별적으로만 읽을 수 있는 시스템은 더 폭넓은 이점을 제공하면서 프라이버시 보호도 가능하게 한다. 그런 시스템을 만드는 데 따른 어려움은 프로젝트 착수 단계에서부터 규명돼야 하는 문제다.

단기 vs. 장기

마지막으로, 난독화 프로젝트의 효과는 얼마나 지속돼야 할까? 시간 벌기의 목표가 이 질문에 대한 답을 찾기 위한 출발점이다. 단 10분만 혼란을 야기하는 것도 한 가지 목표일 수 있다. 어떤 데이터베이스를 추측하거나 예측하는 데 쓰기에는 영구적으로 신뢰할 수 없게, 믿을 수 없게, 무가치하게 만들고자 하는 목적이라면, 그것은 훨씬 더 어렵다. 난독화로 해결하고자 하는 정보 비대칭을 이루는 한 가지 중요한 요소는 시간적 제약이다. 다시 말해, 3장에서 논의한 '미래에서 온 시간 여행 로봇' 문제다. 어떤 데이터가 현재는 무해할지 모르지만 맥락, 소유권이나 도구, 법에서의 변화 하나 때문에 똑같은 데이터가 위험한 데이터가 돼버릴 수 있다. 당신의 난 독화 방법은 당분간만, 그리고 한 번의 분노스러운 상황에, 한 회사에, 한 가지 데이터 수집 및 분석 기술에 대해서만 작용하도록 하려는 것인가, 아 니면 데이터를 완전히 엉망으로 만들어 이후에, 혹은 다른 목적으로도 신 뢰할 수 없도록 하려는 것인가? 전자는 쉽지는 않지만 비교적 간단하다. 후자의 경우 훨씬 폭넓은 여러 가지 어려움들이 뒤따른다. 이 질문을 지금, 개발 단계에서 고려해봄으로써 기법이 널리 실제에 도입돼 당신이 그것이 임시적 방편이었음을, 혹은 그것이 더 이상 적용되지 않는 특정한 국가의 법 적용을 받는 어느 회사를 대상으로 한 것이었음을 미리 깨닫고 곤란한 상황을 막는 것이 바람직할 것이다.

이 여섯 가지 목표와 네 가지 질문을 염두에 두면서, 어떤 난독화 전략 을 마련하기 위한 기본 원리들을(그리고 일부 위험 요소들을) 가늠해볼 수 있다. 물론 거기서 끝나지는 않을 것이다. 실행 가능한 방법으로서, 억압적 인 데이터 체제에 대한 강력하고 믿을 수 있는 대응으로서, 난독화는 난독 화가 발전되고 번창할 수 있게 해주는 여건이 뒷받침될 때 제대로 효과를 발휘할 수 있을 것이다. 그런 여건으로 다음과 같은 것들이 있다.

- 관련 과학과 공학에서의 진보: 통계, 암호화, 시스템 공학, 머신 러닝, 시스템 보안, 네트워킹, 위협 모델링에서 몇 가지 질문에 대한 답을 구 하는 방법들을 개발한다. 얼마나 많은 잡음, 어떤 종류의 잡음을 만들 어내야 하는가? 어떻게 잡음의 표적에 맞게 맞출 것인가? 공격으로부 터 어떻게 보호할 것인가? 어떤 특정 문제점에 대해 난독화가 올바른 해결책인가?
- 관련 사회 과학, 이론, 윤리에서의 진보: 개인이 난독화 시스템을 사용

하는 데, 그리고 제안된 시스템에 대한 건전한 규범적인 평가에 참여하기 위해 무엇을 원하고 필요로 하는지에 관한 물음들을 다룬다.

- 기술 정책과 규제에서의 진보: 난독화 시스템의 개발자들에게 핵심 인프라에 대한 접근과 활용을 허용하는 개방형, 공개 표준 및 프로토콜을 지원한다. 대규모의 공공 대상 시스템들이 난독화 시스템 개발자들에게 개방형 API를 제공하도록 장려한다. 정당한 난독화를 금지하는 이용 약관이라면 시행을 거부한다.

난독화는 작고 일시적이며 없는 것보다는 나은, 사회적으로 조건부적인 특징을 가지며, 그런 측면에서 어떻게 사용되는지의 맥락에 의해 깊이 영향을 받는다. 당신의 난독화 시스템은 그 방법이 실제로 데이터 수집의 유용성을 떨어뜨리는지 아닌지는 크게 상관없이, 거부를 나타내는 개인적인 행위로서 그 자체가 저항의 제스처로 기능하는 것이 목적인 시스템인가?

특정 집단과 적에 맞춰 개발된, 프라이버시 보호를 위한 여러 수단 가운데 한 가지 구성 요소로서 난독화를 사용하는가? 특정 데이터 분석 전략과 관련해서 확실하게 작동돼야 하는 난독화인가? 아마 당신은 난독화를 정책 단계에서 적용하거나, 아니면 악용하려면 더 많은 노력이 드는 데이터 수집에 적용함으로써 비차별적 감시의 비용을 높이기 위한 방법으로 활용할 수도 있을 것이다. 혹은 서비스 제공 목적 이외에는 그 어떤 것도 하기 어렵게 만드는 난독화 기술이 한 단계 들어간 서비스를 제공할 수 있는 소프트웨어를 개발하는 방법도 있다. 또 상당한 기술적, 사회적, 정치적, 재정적 자원을 이용할 수 있는 입장일 수도 있고, 반대로 양식이나 작성하고 기관을 상대하거나, 온라인 소통 정도나 하는 처지일 수도 있다. 이처럼 무수히 많은 상황이 있을 수 있다. 그러나 이 책에서 언급한 목표와 질문들은 다양한 영역의 난독화 프로젝트에 전반적으로 공통으로 적용되는 것들이다. 그렇기에 이러한 목표와 질문을 고민하고 답을 구해보는 것이야말로, 잡음을 통해 세상에 유익한 영향을 끼칠 수 있는 난독화 전략을 세상에 내놓는 그 출발점이 될 것이다.

후기

우리가 난독화를 발명한 것은 아니다. 우리는 검색어 기록 저장을 방해하 겠다는 특정 목적을 위한 도구로 시작했지만, 곧 그것이 우리가 주변 어디 서든 볼 수 있는 어떤 역할을 한다는 것을 깨닫게 됐다. 우리는 여기에 이 름을 붙이고 그 핵심 요소들을 규정함으로써 이 방법이 일반화될 수 있도 록, 그래서 정보 기술, 통신 네트워크, 데이터 수집 및 분석에서 가장 까다 로운 프라이버시 관련 문제들을 해결하는 데 역할을 할 수 있는 이 방법을 도입하기 위한 시작점을 제공하고자 팔을 걷어부쳤다. 일단 문제를 들여 다보기 시작하자, 놀라울 정도로 폭넓은 다양한 응용 사례들을 찾을 수 있 었다. 이 책의 1부에서는 그런 가능성들을 개략적으로 다뤘다.

2부에서는 프라이버시 보호 전략으로서 데이터 난독화의 개념, 난독화 가 제기하는 윤리적 문제들, 모든 난독화 프로젝트에 대해 던져봐야 할 몇 가지 핵심적인 질문들을 제시했다. 2부 전체에 걸쳐서 난독화가 어디까지 나 프라이버시 보호 전략에 추가적으로 쓰이는 보조 수단일 뿐, 이미 활용 되고 있는 어떤 한 가지 도구 혹은 모든 도구를 대체하는 수단은 아니라는 점을 강조했다. 난독화는 오늘날 여러 가지 프라이버시 위협에 대응하기 위해 사용할 수 있는 다양한 도구, 이론, 프레임워크, 기술, 장치의 일환으 로서 하나의 역할을 한다. 우리는 여기에 이름을 붙이고 규명하고 정의함 으로써 그 작업을 시작했을 뿐이다. 이 책은 난독화를 이해하고 활용하기 위한 출발점들의 모음이다. 실천을 통해 실제로 해봄으로써 훨씬 더 많은 것을 배울 수 있을 것이다.

또 난독화가 프라이버시 보호를 위한 다른 방법들과 함께 사용되는 사례들을 살펴보고, 난독화가 법, 소셜 미디어, 정책, 암호화와 함께 쓰임으로써 그러한 대안들의 효과를 보완할 수 있는지 설명했다. 시간을 버는 것에서부터 프로파일링 방해, 저항 표출에 이르기까지 다양한 목표들이 있음을 고려할 때, 우리가 정량화 가능한 측정 기준을 갖춘 여러 성공 모델을 개발할 수 있을까? 물론 난독화는 적과의 상관관계에 의해 형태가 결정되나, 난독화가 사용되는 대부분의 상황은 데이터로 무엇을 할 수 있는지, 데이터 세트가 합쳐지면 이러한 능력들이 어떻게 확장되는지, 그리고 일상의 당연한 현상이 된 정보 비대칭에 내재된 그 밖의 미스터리들에 관한 다양한 종류와 정도의 불확실성을 수반한다. 부인 가능성 또는 위장을 제공하거나 프로파일링을 방해하는 것(특히 장기적으로)을 목적으로 하는 난독화 프로젝트들에 대해, 우리가 여러 가지 다른 종류의 불확실성하에서 최적의 난독화 방법들을 개발할 수 있을까? 우리가 첨단 신경망, 딥러닝 등 정교한 현대의 데이터 분석 방법들을 가져다가 이를 활용해 더 효과적인 난독화 전략을 개발할 수 있을까? 우리가 공통의 목표를 규명하고 결정적인 질문들을 정리해 제시하기는 했지만, 여러 가지 난독화 프로젝트에 걸쳐 적용되는, 난독화 실천의 모범 사례가 있을까? 이러한 것들은 더 많은 연구와 적용을 통해 답을 찾아봐야 할 질문들이다. 적어도 적절한 데이터 관행의 규제에 대한 더욱 확실하고 타당성 있는 접근 방식에 대한 필요성이 충분히 해소될 때까지는 난독화의 유용성이 난독화가 약속하는 가능성을 분명하게 보여주면서 다른 질문들이 이어질 것이다.

프라이버시 문제를 해결할 수 있는 간단한 해결책이란 없다. 프라이버시 자체가 끊임없이 변하는 사회 문제들에 대한 해결책이기 때문이다. 어떤 것들은 자연적인 문제로 우리가 통제할 수 없는 것들이고, 또 어떤 것들은 기술적이고 우리가 통제할 수 있어야 하는 것들이지만 가늠하기 어려운 영향을 미치는 수많은 복잡한 사회적, 물질적 힘들에 의해 결정된다.

프라이버시는 데이터의 흐름을 막는 것을 의미하지 않는다. 데이터가 사회적 목적과 가치, 그리고 그 데이터의 주체인 개인들, 특히 취약 계층과 사회적 약자들에게 기여하는 방향으로 흘러갈 수 있도록 하는 것을 의미한다. 프라이버시는 서로 간에, 그리고 집단과의 긍정적인 교류를 촉진하는 자유와 자율적 추구가 지속되도록 해야 한다. 무수히 많은 관습, 개념, 도구, 법, 장치, 프로토콜이 진화를 거쳐 프라이버시 보호를 위한 수단으로 활용돼 왔다. 그리고 이제 능동적 대화로서, 투쟁으로서, 선택으로서 프라이버시를 지속하기 위한 그런 수단의 하나로 난독화라는 수단을 추가하고자 한다.

이 책에서 소개한 많은 예시, 설명, 윤리적 질문들을 진지하게 생각해보고 다양한 목적을 위해 난독화가 효과적이며 적합한 방식임을 깨닫게 되면, 이제 당신은 아마 이 책을 잠시 옆으로 미뤄두고 소프트웨어나 정책에서, 자신이 진행하는 프로젝트나 반대하는 프로젝트에서 난독화를 한번 시도해보고 싶어질 것이다. 그렇게 자신과 타인을 위해, 그리고 실천을 통해 난독화를 진정으로 이해하기 위해, 무리를 만들어 그 안으로 사라져보는 경험을 해보고 싶다는 생각이 들지 않는가?

노트

1장

1. Meir Finkel, *On Flexibility: Recovery from Technological and Doctrinal Surprise on the Battlefield* (Stanford University Press, 2011), 125.

2. Fred Cohen, "The Use of Deception Techniques: Honeypots and Decoys," in *Handbook of Information Security*, volume 3, ed. Hossein Bidgoli (Wiley, 2006), 646.

3. Kirill Maslinsky, Sergey Koltcov, and Olessia Koltslova, "Changes in the Topical Structure of Russian-Language LiveJournal: The Impact of Elections 2011," Research Paper WP BPR 14/SOC/2013, National Research University, Moscow, 3. For recent data on the proportion of LiveJournal users by country, see http://www.alexa.com/siteinfo/livejournal.com.

4. The Live Journal statistics cited here are from http://www.livejournal.com/stats.bml. (This site is no longer available.)

5. Simon Shuster, "Why Have Hackers Hit Russia's Most Popular Blogging Service?" time.com, April 7, 2011 (http://content.time.com/time/world/article/0,8599,2063952,00.html). (The number of Russian accounts cited in the article appears to be the total number of accounts rather than the number of active accounts. We believe activity to be a more meaningful measure.)

6. Yekaterina Parkhomenko and Arch Tait, "Blog Talk," *Index on Censorship* 37 (February 2008): 174–178 (doi:10.1080/03064220701882822).

7. Suren Gazaryan, "Russia: Control From the Top Down," Enemies of the Internet, March 11, 2014 (http://12mars.rsf.org/2014-en/2014/03/11/russia-repression-from-the-top-down/).

8. Brian Krebs, "Twitter Bots Drown Out Anti-Kremlin Tweets," Krebs on Security, December 11, 2008 (http://krebsonsecurity.com/2011/12/twitter-bots-drown-out-anti-kremlin-tweets/).

9. Ann Friedman, "Hashtag Journalism," *Columbia Journalism Review* #realtalk blog, May 29, 2014 (http://www.cjr.org/realtalk/hashtag_journalism.php?page=all).

10. "Twitterbots," Krebs on Security (http://krebsonsecurity.com/wp-content/uploads/2011/12/twitterbots1.txt).

11. Manuel Reda, "Mexico: Twitterbots Sabotage Anti-PRI Protest," Fusion, May 21, 2012 (http://thisisfusion.tumblr.com/post/23287767289/twitterbots-attack-anti-pri-protest-mexico).

12. For a more direct application of Twitter spam in the Mexican election that skirts this rule, see Mike Orcutt, "Twitter Mischief Plagues Mexico's Election," *MIT Technology Review*, June 21, 2014 (http://www.technologyreview.com/news/428286/twitter -mischief-plagues-mexicos-election/).

13. Joseph Meyerowitz and Romit R. Choudhury, "Hiding Stars with Fireworks: Location Privacy through Camouflage," in *Proceedings of the 15th Annual International Conference on Mobile Computing and Networking* (ACM, 2009).

14. Ibid., 1.

15. Daniel Howe and Helen Nissenbaum, "TrackMeNot: Resisting Surveillance in Web Search," in *Lessons From the Identity Trail: Anonymity, Privacy and Identity in a Networked Society*, ed. Ian Kerr, Carole Luckock, and Valerie Steeves (Oxford University Press, 2009), 417.

16. For the AOL search logs event, see Michael Barbaro and Tom Zeller Jr., "A Face Is Exposed for AOL Searcher No. 4417749," *New York Times*, August 9, 2006. For the Department of Justice's Google request, see the original subpoena: *Gonzales v. Google, Inc.*, Case (Subpoena) CV 06-8006MISC JW (N.D. Cal.). http://www.google.com/press/images/subpoena_20060317.pdf, and the consequent ruling: *American Civil Liberties Union v. Gonzalez*, Case 98-5591 (E.D. Pa.) (http://www.google.com/press/images/ruling_20060317.pdf).

17. Note, for instance, that the rollout information for Google's more

personalized search results—building on Google+ information—includes a toggle that enables you to see your results without the effect of your history of searching the Web. This doesn't remove the history, but it presents query history as something that should at least be optional, and not as an unalloyed good. See Amit Singhal, "Search, Plus Your World," Google official blog (http://googleblog.blogspot.com/2012/01/search-plus-your-world.html), January 10, 2012.

18. Vincent Toubiana and Helen Nissenbaum, "An Analysis of Google Logs Retention Policies," *Journal of Privacy and Confidentiality* 3, no. 1 (2011): 3–26 (http://repository.cmu.edu/jpc/vol3/iss1/2/).

19. Andy Greenberg, *This Machine Kills Secrets: How WikiLeakers, Cypherpunks, and Hacktivists Aim to Free the World's Information* (Dutton, 2012), 157.

20. Ibid., 293.

21. Phil Hellmuth, Marvin Karlins, and Joe Navarro, *Phil Hellmuth Presents Read 'Em and Reap* (HarperCollins, 2006). (It is interesting to imagine a poker strategy based on more extensive use of obfuscation—a player generating a constant stream of mannerisms and typical tells, so that anything involuntary is difficult to parse out—but that probably would be so irritating as to get a player ejected.)

22. Wesley Remmer, "Learning the Secret Language of Baseball," *Bremerton Patriot*, July 23, 2010 (http://www.bremertonpatriot.com/sports/99124354.html).

23. *Spartacus*, directed by Stanley Kubrick (Universal Pictures, 1960).

24. Charles Dickens, *A Tale of Two Cities* (Penguin Classics, 2003); Alan Moore and David Lloyd, *V for Vendetta* (Vertigo/DC Comics, 1982).

25. Marco Deseriis, "Lots of Money Because I Am Many: The Luther Blissett Project and the Multiple-Use Name Strategy," *Thamyris/Intersecting* 21 (2011): 65–93.

26. *The Thomas Crown Affair*, directed by John McTiernan (Metro-Goldwyn-Mayer, 1999).

27. *Inside Man*, directed by Spike Lee (Universal Pictures, 2006).

28. *North by Northwest*, directed by Alfred Hitchcock (Metro-Goldwyn-Mayer, 1959).

29. Thomas Habinek, *The World of Roman Song: From Ritualized Speech to Social Order* (Johns Hopkins University Press, 2005), 10.

30. Arthur Conan Doyle, "The Adventure of the Six Napoleons," in *The Return of Sherlock Holmes* (Penguin Classics, 2008).

31. Sarah Netter, "Wash. Man Pulls off Robbery Using Craigslist, Pepper Spray," ABC News, October 1, 2008 (http://abcnews.go.com/US/story?id=5930862).

32. Jens Lund, with reply by Istvan Deák, "The Legend of King Christian, an Exchange," *New York Review of Books* 30, no. 5 (1990) (http://www.nybooks.com/articles/archives/1990/mar/29/the-legend-of-king-christian-an-exchange/). (That the specific case of the Yellow Star is fictional doesn't detract in any way from the Danes' heroic history of helping Jews hide and escape during the war.)

33. Leo Goldberger, ed., *The Rescue of the Danish Jews: Moral Courage Under Stress* (New York University Press, 1987).

34. Ben Kafka, *The Demon of Writing* (MIT Press, 2012), 67.

35. Jeremy Scahill and Glenn Greenwald, "The NSA's Secret Role in the U.S. Assassination Program," The Intercept, February 10, 2014 (https://firstlook.org/theintercept/2014/02/10/the-nsas-secret-role/).

36. Tor Project, "Frequently Asked Questions" (https://www.torproject.org/docs/faq.html.en#BetterAnonymity).

37. *State of California vs. Niroula*, Case INF 064492 (I.B. Cal.) (http://cryptome.org/2012/06/babble-tape.pdf).

38. Tim Jenkin, "Talking to Vula," *Mayibuye*, May–October 1995 (www.anc.org.za/show.php?id=4693).

2장

1. Ling Tseng and I.-Min Tso, "A Risky Defence by a Spider Using Conspicuous Decoys Resembling Itself in Appearance," *Animal Behavior* 78, no. 2 (2009): 425-431 (doi:10.1016/j.anbehav.2009.05.017).

2. Rip Empson, "Black Car Competitor Accuses Uber of DDoS-Style Attack; Uber Admits Tactics Are "Too Aggressive," TechCrunch, January 24, 2014 (http://techcrunch.com/2014/01/24/black-car-competitor-accuses-uber-of-shady-conduct-ddos-style-attack-uber-expresses-regret/).

3. "Le Gouvernement Veut Rendre les Avertisseurs de Radars Inefficaces," *Le Monde*, November 29, 2011 (http://www.lemonde.fr/societe/article/2011/11/29/les-avertisseurs-de-radars-seront-bientot-inefficaces_1610490_3224.html).

4. "Analysis of the "Flash Crash" Part 4, Quote Stuffing," Nanex, June 18, 2010 (http://www.nanex.net/20100506/FlashCrashAnalysis_Part4-1.html).

5. Ibid.

6. Joab Jackson, "Cards Games: Should Buyers Beware of How Supermarkets Use "Loyalty Cards" to Collect Personal Data?" *Baltimore City Paper*, October 1, 2003 (http://www.joabj.com/CityPaper/031001ShoppingCards.html).

7. Robert Ellis Smith, *Privacy Journal*, March 1999, p. 5.

8. http://epistolary.org/rob/bonuscard/, accessed October 25, 2010.

9. "The Ultimate Shopper," Cockeyed.com, last updated December 11, 2002 (http://www.cockeyed.com/pranks/safeway/ultimate_shopper.html).

10. "Hydra Project" (https://code.google.com/p/hydraproject/).

11. For a somewhat technical but accessible overview of BitTorrent that includes a lucid explanation of trackers, see Mikel Izal, Guillaume Urvoy-Keller, Ernst W. Biersack, Pascal Felber, Anwar Al Hamra, and Luis Garcés-Erice, "Dissecting BitTorrent: Five Months in a Torrent's Lifetime," *Passive and Active Network Measurement* 3015 (2004): 1–11 (doi: 10.1007/978-3-540-24668-8_1).

12. Hendrik Schulze and Klaus Mochalski, "Internet Study 2008/2009," Ipoque (http://www.christopher-parsons.com/Main/wp-content/uploads/2009/04/ipoque-internet-study-08-09.pdf).

13. Jacquelyn Burkell and Alexandre Fortier, "Privacy Policy Disclosures of Behavioural Tracking on Consumer Health Websites, *Proceedings of the American Society for Information Science and Technology* 50, no. 1 (May 2014): 1–9 (doi: 10.1002/meet.14505001087_).

14. Viola Ganter and Michael Strube, "Finding Hedges by Chasing Weasels: Hedge Detection Using Wikipedia Tags and Shallow Linguistic Features," in *Proceedings of the ACL-IJCNLP Conference Short Papers*, 2009 (http://dl.acm.org/citation.cfm?id=1667636).

15. David I. Holmes and Richard S. Forsyth, "The Federalist Revisited: New Directions in Authorship Attribution," *Literary and Linguistic Computing* 10, no. 2 (1995): 111–127 (doi: 10.1093/llc/10.2.111).

16. Josyula R. Rao and Pankaj Rohatgi, "Can Pseudonymity Really Guarantee Privacy?" in Proceedings of the 9th USENIX Security Symposium, 2000 (https://www.usenix.org/legacy/events/sec2000/full_papers/rao/rao_html/index.html).

17. Daniel Domscheit-Berg, *Inside WikiLeaks: My Time With Julian Assange at the World's Most Dangerous Website* (Crown, 2011).

18. Rao and Rohatgi, "Can Pseudonymity Really Guarantee Privacy?"

19. Moshe Koppel and Jonathan Schler, "Authorship Verification as a One-Class Classification Problem," in Proceedings of the 21st International Conference on Machine Learning, 2004 (doi: 10.1145/1015330.1015448).

20. On Anonymouth, see https://www.cs.drexel.edu/~pv42/thebiz/ and https://github.com/psal/anonymouth.

21. *Drive*, directed by Nicolas Winding Refn (Film District, 2011).

22. Mariano Ceccato, Massimiliano Di Penta, Jasvir Nagra, Paolo Falcarin, Filippo Ricca, Marco Torchiano, and Paolo Tonella, "The Effectiveness of Source Code Obfuscation: An Experimental Assessment," in Proceedings of 17th International Conference on Program Comprehension, 2009 (doi:

10.1109/ICPC.2009.5090041).

23. See Michael Mateas and Nick Monfort, "A Box, Darkly: Obfuscation, Weird Languages, and Code Aesthetics," in *Proceedings of the 6th Annual Digital Arts and Culture Conference*, 2005 (http://elmcip.net/node/3634).

24. Sanjam Garg, Craig Gentry, Shai Halevi, Mariana Raykova, Amit Sahai and Brent Waters, "Candidate Indistinguishability Obfuscation and Functional Encryption for all Circuits," in Proceedings of IEEE 54th Annual Symposium on Foundations of Computer Science, 2013 (doi: 10.1109/FOCS.2013.13).

25. Jeyavijayan Rajendran, Ozgur Sinanoglu, Michael Sam, and Ramesh Karri, "Security Analysis of Integrated Circuit Camouflaging," presented at ACM Conference on Computer and Communications Security, 2013 (doi: 10.1145/2508859.2516656).

26. From an interview with Ahearn: Joan Goodchild, "How to Disappear Completely," CSO, May 3, 2011 (http://www.csoonline.com/article/2128377/identity-theft-prevention/how-to-disappear-completely.html).

27. Stephen Carter, "United States Patent: 20070094738 A1—Techniques to Pollute Electronic Profiling," April 26, 2007 (http://www.google.com/patents/US20070094738).

28. Rachel Law, "Vortex" (http://www.milkred.net/vortex/). Much of the detail in this section is based on conversation with Law and on her presentation in the Tool Workshop Sessions at the Symposium on Obfuscation held at New York University in 2014.

29. Kevin Ludlow, "Bayesian Flooding and Facebook Manipulation," KevinLudlow.com, May 23, 2012 (http://www.kevinludlow.com/blog/1610/Bayesian_Flooding_and_Facebook_Manipulation_FB/).

30. Max Cho, "Unsell Yourself—A Protest Model Against Facebook," Yale Law & Technology, May 10, 2011 (http://www.yalelawtech.org/control-privacy-technology/unsell-yourself-%E2%80%94-a-protest-model-against-facebook/).

31. Wanying Luo, Qi Xie, and Urs Hengartner, "FaceCloak: An Architecture for User Privacy on Social Networking Sites," in Proceedings of the 2009 IEEE International Conference on Privacy, Security, Risk and Trust (https://cs.uwaterloo.ca/~uhengart/publications/passat09.pdf).

32. Charles Arthur, "How Low-Paid Workers at 'Click Farms' Create Appearance of Online Popularity," theguardian.com, August 2, 2013 (http://www.theguardian.com/technology/2013/aug/02/click-farms-appearance-online-popularity).

33. Jaron Schneider, "Likes or Lies? How Perfectly Honest Business can be Overrun by Facebook Spammers," TheNextWeb, January 23, 2004 (http://thenextweb.com/facebook/2014/01/23/likes-lies-perfectly-honest-businesses-can-overrun-facebook-spammers/).

34. Leo Selvaggio, "URME Surveillance," 2014 (http://www.urmesurveillance.com).

35. Francisco Goldman, *The Art of Political Murder: Who Killed the Bishop?* (Grove, 2008).

36. Ibid., 109.

3장

1. See the following for a brief look at the story of present-day privacy theory: Daniel J. Solove, *Understanding Privacy* (Harvard University Press, 2010); Ruth Gavison, "Privacy and the Limits of the Law," in *Philosophical Dimensions of Privacy: An Anthology*, ed. Ferdinand David Schoeman (Cambridge University Press, 1984); David Brin, *The Transparent Society* (Perseus Books, 1998); Priscilla M. Regan, *Legislating Privacy: Technology, Social Values and Public Policy* (University of North Carolina Press, 1995); Jeffrey H. Reiman, "Driving to the Panopticon: A Philosophical Exploration of the Risks to Privacy Posed by the Highway Technology of the Future," *Santa Clara High Technology Journal* 11, no. 1 (1995): 27–44 (http://digitalcommons.law.scu.edu/chtlj/vol11/iss1/5); Alan F. Westin, "Science, Privacy and Freedom: Issues and Proposals for the 1970's. Part I—the

Current Impact of Surveillance on Privacy," *Columbia Law Review* 66, no. 6 (1966): 1003–1050 (http://www.jstor.org/stable/1120997).

2. See the following for diverging theories: Helen Nissenbaum, *Privacy in Context: Technology, Policy and the Integrity of Social Life* (Stanford University Press, 2009); Julie E. Cohen, "Examined Lives: Informational Privacy and the Subject as Object," *Stanford Law Review* 52 (May 2000): 1373–1437 (http://scholarship.law.georgetown.edu/cgi/viewcontent.cgi?article=1819&context=facpub); Daniel J. Solove, "A Taxonomy of Privacy," *University of Pennsylvania Law Review* 154, no. 3 (2006): 477–560 (doi: 10.2307/40041279); Christena E. Nippert-Eng, *Islands of Privacy* (University of Chicago Press, 2010); Michael Birnhack and Yofi Tirosh, "Naked in Front of the Machine: Does Airport Scanning Violate Privacy?" *Ohio State Law Journal* 74, no. 6 (2013): 1263–1306.

3. See Paul Dourish, "Collective Information Practice: Exploring Privacy and Security as Social and Cultural Phenomena," *Human-Computer Interaction* 21, no. 3 (2006): 319–342 (doi: 10.1207/s15327051hci2103_2); Paul Dourish, Emily Troshynski, and Charlotte Lee, "Accountabilities of Presence: Reframing Location-Based Systems," in Proceedings of the SIGCHI Conference on Human Factors in Computing Systems, 2008 (doi: 10.1145/1357054.1357133).

4. Helen Nissenbaum, *Privacy in Context: Technology, Policy and the Integrity of Social Life* (Stanford University Press, 2009).

5. Kevin Kelly, *Out of Control: The New Biology of Machines, Social Systems and the Economic World* (Addison-Wesley, 1994) p. 176.

6. Gilbert Keith Chesterton, "The Sign of the Broken Sword," in *The Innocence of Father Brown* (Cassell, 1947) p. 143.

7. Nichia Corp v. Argos Ltd., Case A3/2007/0572. EWCA Civ 741 (July 19, 2007) (http://www.bailii.org/ew/cases/EWCA/Civ/2007/741.html).

8. The Simpsons, "The Lemon of Troy," May 14, 1995.

9. Hanna Rose Shell, *Hide and Seek: Camouflage, Photography and the Media of Reconnaissance* (Zone Books, 2012).

10. Donald H. Rumsfeld, February 12, 2002 (11:30 a.m.), "DoD News Briefing—Secretary Rumsfeld and Gen. Myers," U.S. Department of Defense/Federal News Service, Inc. (http://www.defense.gov/transcripts/transcript.aspx?transcriptid=2636).

11. Brad Templeton, "The Evils of Cloud Computing: Data Portability and Single Sign On," presented at BIL Conference, 2009 (http://www.vimeo.com/3946928).

12. Tal Zarsky, "Transparent Predictions," *University of Illinois Law Review* 2013, no. 4: 1519–1520.

13. Solon Barocas, "Data Mining and the Discourse on Discrimination," in Proceedings of Data Ethics Workshop at ACM Conference on Knowledge Discovery and Data Mining, New York, 2014.

14. See, in particular, Josh Lauer, "The Good Consumer: Credit Reporting and the Invention of Financial Identity in the United States, 1840–1940," *Enterprise & Society* 11, no. 4 (2010): 686–694 (doi: 10.1093/es/khq091); Lauer, *The Good Consumer: A History of Credit Surveillance and Financial Identity in America* (Columbia University Press, forthcoming).

15. Anthony Giddens, "Risk and Responsibility," *Modern Law Review* 62, no. 1 (1999): 1–10 (doi: 10.1111/1468-2230.00188). See also the elaboration of this idea in Ulrich Beck, *Risk Society: Toward a New Modernity* (SAGE, 1999).

16. Ben Cohen, "After Sandy, Wired New Yorkers Get Reconnected with Pay Phones," *Wall Street Journal*, October 31, 2012.

17. James C. Scott, *Weapons of the Weak: Everyday Forms of Peasant Resistance* (Yale University Press, 1987).

18. For a range of notable responses to surveillance, see the Gary T. Marx, "The Public as Partner? Technology Can Make Us Auxiliaries as Well as Vigilantes," *IEEE Security and Privacy* 11, no. 5 (2013): 56–61 (doi: http://doi.ieeecomputersociety.org/10.1109/MSP.2013.126); Marx, *Undercover: Police Surveillance in America* (University of California Press, 1989); Marx, "Technology and Social Control: The Search for the Illusive Silver Bullet

Continues," in *International Encyclopedia of the Social and Behavioral Sciences*, second edition (Elsevier, forthcoming); Kenneth A. Bamberger and Deirdre K. Mulligan, "Privacy Decisionmaking in Administrative Agencies," *University of Chicago Law Review* 75, no. 1 (2008): 75–107 (http://ssrn.com/abstract=1104728); Katherine J. Strandburg and Daniela Stan Raicu, *Privacy and Technologies of Identity: A Cross-Disciplinary Conversation* (Springer, 2006).

19. Scott elaborates on this concept in depth in *Domination and the Arts of Resistance: Hidden Transcripts* (Yale University Press, 1992).

20. For arguments regarding the development of the idea of the "monetization" of data and the role it plays in present-day businesses and institutions, see Gina Neff, "Why Big Data Won't Cure Us," *Big Data* 1, no. 3 (2013): 117–123 (doi: 10.1089/big.2013.0029); Brittany Fiore-Silfvast and Gina Neff, "Communication, Mediation, and the Expectations of Data: Data Valences across Health and Wellness Communities," unpublished manuscript (under review at *International Journal of Communication*).

21. Google Inc., Securities Exchange Commission Form 10-Q for the period ending October 31, 2009 (filed November 4, 2009), p. 23, from SEC.gov (http://www.sec.gov/Archives/edgar/data/1288776/000119312509222384/d10q.htm).

22. Martin Heidegger, *The Question Concerning Technology and Other Essays* (Garland, 1977).

23. For more on Snowden, see Glenn Greenwald, Ewen MacAskill, and Laura Poitras, "Edward Snowden: The Whistleblower Behind the NSA Surveillance Revelations," theguardian.com, June 11, 2013 (http://www.theguardian.com/world/2013/jun/09/edward-snowden-nsa-whistleblower-surveillance); Ladar Levison, "Secrets, Lies and Snowden's Email: Why I Was Forced to Shut Down Lavabit," theguardian.com, May 20, 2014 (http://www.theguardian.com/commentisfree/2014/may/20/why-did-lavabitshut-down-snowden-email); Glenn Greenwald, *No Place to Hide: Edward Snowden, the NSA and the U.S. Surveillance State* (Metropolitan Books, 2014); Katherine J. Strandburg, "Home, Home on the Web and Other Fourth Amendment Implications of Technosocial Change," *University of Maryland*

Law Review 70, April 2011: 614–680 (http://ssrn.com/abstract=1808071).

24. The idea of "kleptography," in its more expanded definition, is a useful way of understanding this approach. For the initial, narrower definition—the use of black-box cryptosystems implemented on closed hardware—see Adam Young and Moti Yung, "Kleptography: Using Cryptography Against Cryptography," in *Advances in Cryptology—Eurocrypt '97*, ed. Walter Fumy (Springer, 1997). For the more expansive definition—persuading your adversary to use a form of cryptography you know you can break, or using inferior alternatives for reasons of availability or convenience—see Philip Hallam-Baker, "PRISM-Proof Security Considerations," Internet Engineering Task Force (IETF) draft 3.4, 2013 (https://tools.ietf.org/html/draft-hallambaker-prismproof-req-00#section-3.4).

25. Arvid Narayanan, "What Happened to the Crypto Dream? Part 2," *IEEE Security and Privacy* 11, no. 3 (2013): 68–71 (doi: http://doi.ieeecomputersociety.org/10.1109/MSP.2013.75).

4장

1. On TrackMeNot, see http://cs.nyu.edu/trackmenot/.

2. Gary T. Marx, "A Tack in the Shoe: Neutralizing and Resisting New Surveillance," *Journal of Social Issues* 59, no. 2 (2003): 369–390 (doi: 10.1111/1540-4560.00069).

3. See James Edwin Mahon, "The Definition of Lying and Deception," in *The Stanford Encyclopedia of Philosophy* (http://plato.stanford.edu/archives/fall2008/entries/lying-definition/); John Finnis, "Aquinas' Moral, Political and Legal Philosophy," in *The Stanford Encyclopedia of Philosophy* (http://plato.stanford.edu/archives/sum2014/entries/aquinas-moral-political/).

4. Sissela Bok, *Lying: Moral Choice in Public and Private Life* (Vintage Books, 1999).

5. Joseph T. Meyerowitz and Romit Roy Choudhury, CacheCloack, 2009 (http://www.cachecloak.co.uk/).

6. See also Chris Jay Hoofnagle, Ashkan Soltani, Nathaniel Good, and

Dietrich J. Wambach, "Behavioral Advertising: The Offer You Can't Refuse," *Harvard Law & Policy Review* 6, August (2012): 273–296 (http://ssrn.com/abstract=2137601); Aleecia M. McDonald and Lorrie F. Cranor, "The Cost of Reading Privacy Policies," *I/S* 4, no. 3 (2008): 540–565 (http://lorrie.cranor.org/pubs/readingPolicyCost-authorDraft.pdf); Katherine J. Strandburg, "Free Fall: The Online Market's Consumer Preference Disconnect," *University of Chicago Legal Forum* 95 (2013): 95–172 (http://ssrn.com/abstract=2323961); Chris Jay Hoofnagle and Jan Whittington, "Free: Accounting for the Costs of the Internet's Most Popular Price," *UCLA Law Review* 61 (2014): 606–670 (http://ssrn.com/abstract=2235962).

7. See Joseph Turow, Chris Jay Hoofnagle, Dierdre K. Mulligan, Nathaniel Good, and Jens Grossklags, "The Federal Trade Commission and Consumer Privacy in the Coming Decade," *I/S* 3, no. 3 (2007): 723–749 (http://ssrn.com/abstract=2365578); Joseph Turow, *The Daily You: How the New Advertising Industry Is Defining Your Identity and Your Worth* (Yale University Press, 2013).

8. Isaiah Berlin, *The Crooked Timber of Humanity: Chapters in the History of Ideas* (Princeton University Press, 2013), 2.

9. Daniel J. Solove and Paul M. Schwartz, *Privacy Law Fundamentals*, second edition (International Association of Privacy Professionals, 2013).

10. See Daniel J. Solove, "Privacy Self-Management and the Consent Dilemma," *Harvard Law Review* 126 (2013): 1880–1903 (http://ssrn.com/abstract=2171018); Lauren E. Willis, "Why Not Privacy by Default?" *Berkeley Technology Law Journal* 29 (2014): 61–134 (http://ssrn.com/abstract=2349766); James Grimmelman, "The Sabotage of Do Not Track," The Laboratorium, June 19, 2012 (http://laboratorium.net/archive/2012/06/19/the_sabotage_of_do_not_track).

11. For more on Snowden, see Glenn Greenwald, Ewen MacAskill, and Laura Poitras, "Edward Snowden: The Whistleblower Behind the NSA Surveillance Revelations," theguardian.com, June 11, 2013 (http://www.theguardian.com/world/2013/jun/09/edward-snowden-nsa-whistleblower-surveillance); Ladar Levison, "Secrets, Lies and Snowden's Email: Why I Was Forced to Shut Down Lavabit," theguardian.com, May 20, 2014 (http://

www.theguardian.com/commentisfree/2014/may/20/why-did-lavabitshut-down-snowden-email); Glenn Greenwald, *No Place to Hide: Edward Snowden, the NSA and the U.S. Surveillance State* (Metropolitan Books, 2014); Joshua Eaton and Ben Piven, "Timeline of the Edward Snowden Revelations, theguardian.com, June 5, 2013 (http://america.aljazeera.com/articles/multimedia/timeline-edward-snowdenrevelations.html).

12. John Rawls, *A Theory of Justice* (Harvard University Press, 1971).

13. Ibid., 173.

14. Arthur Ripstein, *Equality, Responsibility and the Law* (Cambridge University Press, 1999).

15. Jeroen Van Den Hoven and Emma Rooksby, "Distributive Justice and the Value of Information: A (Broadly) Rawlsian Approach," in *Information Technology and Moral Philosophy*, ed. John Weckert (Cambridge University Press, 2008), 376.

16. See danah boyd, *It's Complicated: The Social Lives of Networked Teens* (Yale University Press, 2014); Colin Koopman, "Internetworked Publics: The Emerging Political Conditions of the Internet," paper presented at Ars Synthetica: The Anthropology of the Contemporary, Santa Cruz, 2009.

17. Francisco Goldman, *The Art of Political Murder: Who Killed the Bishop?* (Grove, 2007).

18. Anatole France, *The Red Lily* (Borgo, 2002), 64.

19. Philip Pettit, *Republicanism: A Theory of Freedom and Government* (Oxford University Press, 1997), 73, 79.

20. See Viktor Mayer-Schönberger and Kenneth Cukier, *Big Data: A Revolution That Will Transform How We Live, Work and Think* (Houghton Mifflin Harcourt, 2013), 94; Solon Barocas, "Data Mining and the Discourse on Discrimination," in Proceedings of Data Ethics Workshop at Conference on Knowledge Discovery and Data Mining, 2014; Tal Zarsky, "Transparent Predictions," *University of Illinois Law Review* 2013, no. 4 (2013): 1519–1520.

21. Pettit, *Republicanism*, 80, 272.

22. Rawls, *A Theory of Justice.*

23. Mayer-Schönberger and Cukier, Big Data; Turow, *The Daily You.*

24. Jeremy Waldron, *Torture, Terror and Trade-Offs: Philosophy for the White House* (Oxford University Press, 2012).

25. Turow, *The Daily You*; Hoofnagle, Soltani, Good, and Wambach, "Behavioral Advertising."

5장

1. *Get Smart*, "Mr. Big," September 18, 1965.

2. See Cynthia Dwork and Aaron Roth, "The Algorithmic Foundations of Differential Privacy," *Foundations and Trends in Theoretical Computer Science* 9, no. 3–4 (2014): 211–407 (doi: http://dx.doi.org/10.1561/0400000042); Cynthia Dwork, Frank McSherry, Kobbi Nissim, and Adam Smith, "Calibrating Noise to Sensitivity in Private Data Analysis," in Proceedings of the Third Conference on Theory of Cryptography, 2006 (doi: 10.1007/11681878_14).

3. Adam Shostack, *Threat Modeling: Designing for Security* (Wiley, 2014).

4. danah boyd, *It's Complicated: The Social Lives of Networked Teens* (Yale University Press, 2014), 65.

5. Ibid., 69.

6. Gion Green, "Rating Files, Safes, and Vaults," in *Handbook of Loss Prevention and Crime Prevention*, ed. Lawrence Fennelly (Elsevier, 2012), 358.

참고 문헌

Bamberger, Kenneth A., and Deirdre K. Mulligan. "Privacy Decisionmaking in Administrative Agencies." *University of Chicago Law Review* 75, no. 1 (2008): 75–107 (http://ssrn.com/abstract=1104728).

Barbaro, Michael, and Tom Zeller Jr. "A Face Is Exposed for AOL Searcher No. 4417749." *New York Times*, August 9, 2006.

Barocas, Solon. "Data Mining and the Discourse on Discrimination." In Proceedings of Data Ethics Workshop at ACM Conference on Knowledge Discovery and Data Mining, New York, 2014.

Beck, Ulrich. *Risk Society: Towards a New Modernity*. London: SAGE, 1999.

Berlin, Isaiah. *The Crooked Timber of Humanity: Chapters in the History of Ideas*. Princeton University Press, 2013.

Birnhack, Michael, and Yofi Tirosh. "Naked in Front of the Machine: Does Airport Scanning Violate Privacy?" *Ohio State Law Journal* 74, no. 6 (2013): 1263–1306 (http://ssrn.com/abstract=2234476).

Bok, Sissela. *Lying: Moral Choice in Public and Private Life*. New York: Vintage Books, 1999.

boyd, danah. *It's Complicated: The Social Lives of Networked Teens*. New Haven: Yale University Press, 2014.

Brin, David. *The Transparent Society*. New York: Perseus Books, 1998.

Burkell, Jacquelyn, and Alexandre Fortier. "Privacy Policy Disclosures of Behavioural Tracking on Consumer Health Websites." *Proceedings of the American Society for Information Science and Technology* 50, no. 1 (2014): 1–9 (doi:10.1002/meet.14505001087).

Ceccato, Mariano, Massimiliano Di Penta, Jasvir Nagra, Paolo Falcarin, Filippo Ricca, Marco Torchiano, and Paolo Tonella. "The Effectiveness of Source

Code Obfuscation: An Experimental Asessment." In Proceedings of 17th International Conference on Program Comprehension, 2009 (doi: 10.1109/ICPC.2009.5090041).

Chesterton, Gilbert Keith. "The Sign of the Broken Sword." In *The Innocence of Father Brown*. London: Cassell, 1947.

Cho, Max. "Unsell Yourself—A Protest Model Against Facebook." Yale Law & Technology blog May 10, 2011 (http://www.yalelawtech.org/control-privacy-technology/unsellyourself-%E2%80%94-a-protest-model-against-facebook/).

Cohen, Fred. "The Use of Deception Techniques: Honeypots and Decoys." In *Handbook of Information Security*, volume 3, ed. Hossein Bidgoli. Hoboken: Wiley, 2006.

Cohen, Julie E. "Examined Lives: Informational Privacy and the Subject as Object." *Stanford Law Review* 52, May (2000): 1373–1437 (http://scholarship. law.georgetown.edu/cgi/viewcontent.cgi?article=1819&context=facpub).

Deseriis, Marco. "Lots of Money Because I Am Many: The Luther Blissett Project and the Multiple-Use Name Strategy." Thamyris/Intersecting 21 (2011): 65–93.

Domscheit-Berg, Daniel. *Inside WikiLeaks: My Time with Julian Assange at the World's Most Dangerous Website*. New York: Crown, 2011.

Dourish, Paul, Emily Troshynski, and Charlotte Lee. "Accountabilities of Presence: Reframing Location-Based Systems." In Proceedings of the SIGCHI Conference on Human Factors in Computing Systems, 2008 (doi: 10.1145/1357054.1357133).

Dourish, Paul. "Collective Information Practice: Exploring Privacy and Security as Social and Cultural Phenomena." *Human-Computer Interaction* 21, no. 3 (2006): 319–342 (doi:10.1207/s15327051hci2103_2).

Dwork, Cynthia, and Aaron Roth. "The Algorithmic Foundations of Differential Privacy." *Foundations and Trends in Theoretical Computer Science* 9, no. 3–4 (2014): 211–407 (doi: 10.1561/0400000042).

Dwork, Cynthia, Frank McSherry, Kobbi Nissim, and Adam Smith. "Calibrating Noise to Sensitivity in Private Data Analysis." In Proceedings of the Third Conference on Theory of Cryptography, 2006 (doi: 10.1007/11681878_14).

Finkel, Meir. *On Flexibility: Recovery from Technological and Doctrinal Surprise on the Battlefield*. Stanford University Press, 2011.

Finnis, John. "Aquinas' Moral, Political and Legal Philosophy." In *The Stanford Encyclopedia of Philosophy*, ed. Edward N. Zalta (http://plato.stanford.edu/archives/sum2014/entries/aquinas-moral-political/).

Fiore-Silfvast, Brittany and Gina Neff. "Communication, Mediation, and the Expectations of Data: Data Valences across Health and Wellness Communities." Under review at *International Journal of Communication*.

France, Anatole. *The Red Lily*. San Bernardino: Borgo, 2002.

Ganter, Viola, and Michael Strube. "Finding Hedges by Chasing Weasels: Hedge Detection Using Wikipedia Tags and Shallow Linguistic Features." In *Proceedings of the ACLIJCNLP Conference Short Papers*, 2009 (http://dl.acm.org/citation.cfm?id=1667636).

Garg, Sanjam, Craig Gentry, Shai Halevi, Mariana Raykova, Amit Sahai, and Brent Waters. "Candidate Indistinguishability Obfuscation and Functional Encryption for all Circuits." Presented at IEEE 54th Annual Symposium on Foundations of Computer Science, 2013 (doi: 10.1109/FOCS.2013.13).

Gavison, Ruth. "Privacy and the Limits of the Law." In *Philosophical Dimensions of Privacy: An Anthology*, ed. Ferdinand David Schoeman. Cambridge University Press, 1984.

Giddens, Anthony. "Risk and Responsibility." *Modern Law Review* 62, no. 1 (1999): 1–10 (doi:10.1111/1468-2230.00188).

Goldberger, Leo, ed. *The Rescue of the Danish Jews: Moral Courage Under Stress*. New York University Press, 1987.

Goldman, Francisco. *The Art of Political Murder: Who Killed the Bishop?* New York: Grove, 2007.

Green, Gion. "Rating Files, Safes, and Vaults." In *Handbook of Loss Prevention and Crime Prevention*, ed. Lawrence Fennelly. Oxford: Elsevier, 2012.

Greenberg, Andy. *This Machine Kills Secrets: How WikiLeakers, Cypherpunks, and Hacktivists Aim to Free the World's Information*. New York: Dutton, 2012.

Greenwald, Glenn. *No Place to Hide: Edward Snowden, the NSA and the U.S. Surveillance State*. New York: Metropolitan Books, 2014.

Habinek, Thomas. *The World of Roman Song: From Ritualized Speech to Social Order*. Baltimore: Johns Hopkins University Press, 2005.

Heidegger, Martin. *The Question Concerning Technology and Other Essays*. New York: Garland, 1977.

Hellmuth, Phil Marvin Karlins, and Joe Navarro. *Phil Hellmuth Presents Read 'Em and Reap*. New York: HarperCollins, 2006.

Holmes, David I., and Richard S. Forsyth. "The Federalist Revisited: New Directions in Authorship Attribution." *Literary and Linguistic Computing* 10, no. 2 (1995): 111–127 (doi: 10.1093/llc/10.2.111).

Hoofnagle, Chris Jay, and Jan Whittington. "Free: Accounting for the Costs of the Internet's Most Popular Price." *UCLA Law Review. University of California, Los Angeles. School of Law* 61 (2014): 606–670 (http://ssrn.com/abstract=2235962).

Hoofnagle, Chris Jay, Ashkan Soltani, Nathaniel Good, and Dietrich J. Wambach. "Behavioral Advertising: The Offer You Can't Refuse." *Harvard Law & Policy Review* 6, August (2012): 273–296 (http://ssrn.com/abstract=2137601).

Howe, Daniel, and Helen Nissenbaum. "TrackMeNot: Resisting Surveillance in Web Search." In *Lessons From the Identity Trail: Anonymity, Privacy and Identity in a Networked Society*, ed. Ian Kerr, Carole Luckock, and Valerie Steeves. Oxford University Press, 2009.

Izal, Mikel, Guillaume Urvoy-Keller, Ernst W. Biersack, Pascal Felber, Anwar Al Hamra, and Luis Garcés-Erice. "Dissecting BitTorrent: Five Months in a Torrent's Lifetime." In *Passive and Active Network Measurement*, ed. Chadi Barakat and Ian Pratt. Berlin: Springer, 2004.

Jenkin, Tim. "Talking to Vula." *Mayibuye*, May–October 1995 (www.anc.org.za/show.php?id=4693).

Kafka, Ben. *The Demon of Writing*. Cambridge: MIT Press, 2012.

Kelly, Kevin. *Out of Control: The New Biology of Machines, Social Systems and the Economic World*. Indianapolis: Addison-Wesley, 1994.

Koopman, Colin. "Internetworked Publics: The Emerging Political Conditions of the Internet." Paper presented at Ars Synthetica: The Anthropology of the Contemporary, Santa Cruz, 2009.

Koppel, Moshe, and Jonathan Schler. "Authorship Verification as a One-Class Classification Problem." In Proceedings of the 21st International Conference on Machine Learning, 2004 (doi: 10.1145/1015330.1015448).

Lane, Julia, Victoria Stodden, Stefan Bender, and Helen Nissenbaum, eds. *Privacy, Big Data, and the Public Good: Frameworks for Engagement*. Cambridge University Press, 2014.

Lauer, Josh. "The Good Consumer: Credit Reporting and the Invention of Financial Identity in the United States, 1840–1940." *Enterprise and Society* 11, no. 4 (2010): 686–694 (doi:10.1093/es/khq091).

Lauer, Josh. *The Good Consumer: A History of Credit Surveillance and Financial Identity in America*. New York: Columbia University Press, forthcoming.

Lund, Jens, with reply by István Deák. "The Legend of King Christian: An Exchange." *New York Review of Books* 30, no. 5 (1990) (http://www.nybooks.com/articles/archives/1990/mar/29/the-legend-of-king-christian-an-exchange/).

Luo, Wanying, Qi Xie, and Urs Hengartner. "FaceCloak: An Architecture for User Privacy on Social Networking Sites." In Proceedings of the 2009 IEEE International Conference on Privacy, Security, Risk and Trust (https://cs.uwaterloo.ca/~uhengart/publications/passat09.pdf).

Mahon, James Edwin. "The Definition of Lying and Deception." In *The Stanford Encyclopedia of Philosophy*, ed. Edward N. Zalta (http://plato.stanford.edu/archives/fall2008/entries/lying-definition/).

Marx, Gary T. "A Tack in the Shoe: Neutralizing and Resisting New Surveillance." *Journal of Social Issues* 59, no. 2 (2003): 369–390 (doi:10.1111/1540-4560.00069).

Marx, Gary T. "Technology and Social Control: The Search for the Illusive Silver Bullet Continues." In *International Encyclopedia of the Social and Behavioral Sciences*, second edition. Oxford: Elsevier, forthcoming.

Marx, Gary T. "The Public as Partner? Technology Can Make Us Auxiliaries as

Well as Vigilantes." *IEEE Security and Privacy* 11, no. 5 (2013): 56–61 (doi: http://DOI.ieeecomputersociety.org/10.1109/MSP.2013.126).

Marx, Gary T. *Undercover: Police Surveillance in America*. Oakland: University of California Press, 1989.

Maslinsky, Kirill, Sergey Koltcov, and Olessia Koltslova. "Changes in the Topical Structure of Russian-Language LiveJournal: The Impact of Elections 2011." Research Paper WP BPR 14/SOC/2013, National Research University, Moscow, 2013.

Mateas, Michael, and Nick Monfort. "A Box, Darkly: Obfuscation, Weird Languages, and Code Aesthetics." In Proceedings of the 6th Annual Digital Arts and Culture Conference, 2005 (http://elmcip.net/node/3634).

Mayer-Schönberger, Viktor, and Kennth Cukier. *Big Data: A Revolution That Will Transform How We Live, Work and Think*. New York: Houghton Mifflin Harcourt, 2013.

McDonald, Aleecia M., and Lorrie F. Cranor. "The Cost of Reading Privacy Policies." I/S 4, no. 3 (2008): 540–565 (http://lorrie.cranor.org/pubs/readingPolicyCost-authorDraft.pdf).

Meyerowitz, Joseph, and Romit R. Choudhury. "Hiding Stars with Fireworks: Location Privacy through Camouflage." In Proceedings of the 15th Annual International Conference on Mobile Computing and Networking. 2009.

Moore, Alan, and David Lloyd. *V for Vendetta*. New York: Vertigo/DC Comics, 1982.

Narayanan, Arvid. "What Happened to the Crypto Dream? Part 2." *IEEE Security and Privacy* 11, no. 3 (2013): 68–71 (doi: http://DOI.ieeecomputersociety.org/10.1109/MSP.2013.75),

Neff, Gina. "Why Big Data Won't Cure Us." *Big Data* 1, no. 3 (2013): 117–123 (doi:10.1089/big.2013.0029).

Nippert-Eng, Christena E. *Islands of Privacy*. University of Chicago Press, 2010.

Nissenbaum, Helen. *Privacy in Context: Technology, Policy and the Integrity of Social Life*. Stanford University Press, 2009.

Orcutt, Mike. "Twitter Mischief Plagues Mexico's Election." *MIT Technology Review,* June 21, 2014 (http://www.technologyreview.com/news/428286/twitter-mischief-plagues-mexicos-election/).

Parkhomenko, Ekaterina, and Arch Tait. "Blog Talk." *Index on Censorship* 37, February (2008): 174–178 (doi: 10.1080/03064220701882822).

Pettit, Philip. *Republicanism: A Theory of Freedom and Government.* Oxford University Press, 1997.

Rajendran, Jeyavijayan, Ozgur Sinanoglu, Michael Sam, and Ramesh Karri. "Security Analysis of Integrated Circuit Camouflaging." Presented at ACM Conference on Computer and Communications Security, 2013 (doi:10.1145/2508859.2516656).

Rao, Josyula R., and Pankaj Rohatgi. "Can Pseudonymity Really Guarantee Privacy?" In Proceedings of the 9th USENIX Security Symposium, 2000 (https://www.usenix.org/legacy/events/sec2000/full_papers/rao/rao_html/index.html).

Rawls, John. *A Theory of Justice.* Cambridge: Harvard University Press, 1971.

Regan, Priscilla M. *Legislating Privacy: Technology, Social Values and Public Policy.* Chapel Hill: University of North Carolina Press, 1995.

Reiman, Jeffrey H. "Driving to the Panopticon: A Philosophical Exploration of the Risks to Privacy Posed by the Highway Technology of the Future." *Santa Clara High Technology Journal* 11, no. 1 (1995): 27–44 (http://digitalcommons.law.scu.edu/chtlj/vol11/iss1/5).

Ripstein. Arthur. *Equality, Responsibility and the Law.* Cambridge University Press, 1999.

Scott, James C. *Domination and the Arts of Resistance: Hidden Transcripts.* New Haven: Yale University Press, 1992.

Shell, Hanna Rose. *Hide and Seek: Camouflage, Photography, and the Media of Reconnaissance.* Cambridge: Zone Books, 2012.

Shostack, Adam. *Threat Modeling: Designing for Security.* Indianapolis: Wiley, 2014.

Solove, Daniel J. "A Taxonomy of Privacy." *University of Pennsylvania Law*

Review 154, no. 3 (2006): 477–560 (doi: 10.2307/40041279).

Solove, Daniel J. "Privacy Self-Management and the Consent Dilemma." *Harvard Law Review* 126 (2013): 1880–1903. http://ssrn.com/abstract=2171018.

Solove, Daniel J. *Understanding Privacy*. Cambridge: Harvard University Press, 2010.

Solove, Daniel J., and Paul M. Schwartz. *Privacy Law Fundamentals*, second edition. Portsmouth: International Association of Privacy Professionals, 2013.

Strandburg, Katherine J. "Free Fall: The Online Market's Consumer Preference Disconnect." *University of Chicago Legal Forum* 95 (2013): 95–172. http://ssrn.com/abstract=2323961.

Strandburg, Katherine J. "Home, Home on the Web and Other Fourth Amendment Implications of Technosocial Change." *University of Maryland Law Review* 70, April (2011): 614–680 (http://ssrn.com/abstract=1808071)

Strandburg, Katherine J., and Daniela Stan Raicu. *Privacy and Technologies of Identity: A Cross-Disciplinary Conversation*. New York: Springer, 2006.

Templeton, Brad. "The Evils of Cloud Computing: Data Portability and Single Sign On." Presented at BIL Conference, 2009 (http://www.vimeo.com/3946928).

Toubiana, Vincent, and Helen Nissenbaum. "An Analysis of Google Logs Retention Policies." *Journal of Privacy and Confidentiality* 3, no. 1 (2011): 3–26. http://repository.cmu.edu/jpc/vol3/iss1/2/.

Tseng, Ling, and I.-Min Tso. "A Risky Defense by a Spider Using Conspicuous Decoys Resembling Itself in Appearance." *Animal Behaviour* 78, no. 2 (2009): 425–431 (doi:10.1016/j.anbehav.2009.05.017).

Turow, Joseph. *The Daily You: How the New Advertising Industry is Defining Your Identity and Your Worth*. New Haven: Yale University Press, 2013.

Turow, Joseph, Chris Jay Hoofnagle, Dierdre K. Mulligan, Nathaniel Good, and Jens Grossklags. "The Federal Trade Commission and Consumer Privacy in the Coming Decade." *I/S* 3, no. 3 (2007): 723–749 (http://ssrn.com/abstract=2365578).

van den Hoven, Jeroen, and Emma Rooksby. "Distributive Justice and the Value of Information: A (Broadly) Rawlsian Approach." In *Information Technology and Moral Philosophy*, ed. John Wecker. Cambridge University Press, 2008.

Waldron, Jeremy. *Torture, Terror and Trade-Offs: Philosophy for the White House*. Oxford University Press, 2012.

Westin, Alan F. "Science, Privacy and Freedom: Issues and Proposals for the 1970's. Part I—the Current Impact of Surveillance on Privacy." *Columbia Law Review* 66, no. 6 (1966): 1003–1050 (http://www.jstor.org/stable/1120997).

Willis, Lauren E. "Why Not Privacy by Default?" *Berkeley Technology Law Journal* 29 (2014): 61–134 (http://ssrn.com/abstract=2349766).

Young, Adam, and Moti Yung. "Kleptography: Using Cryptography Against Cryptography." In *Advances in Cryptology—Eurocrypt '97*, ed. Walter Fumy, 62–74. Berlin: Springer, 1997.

Zarsky, Tal. "Transparent Predictions." *University of Illinois Law Review* 2013, no. 4: 1519–1520.

찾아보기

에이콘출판의 기틀을 마련하신 故 정완재 선생님 (1935-2004)

난독화, 디지털 프라이버시 생존 전략

더 이상 개인정보는 없다

발 행 | 2017년 6월 28일

지은이 | 핀 브런튼, 헬렌 니센바움
옮긴이 | 배수현, 이정표

펴낸이 | 권 성 준
편집장 | 황 영 주
편 집 | 나 수 지
　　　　조 유 나
디자인 | 박 주 란

에이콘출판주식회사
서울특별시 양천구 국회대로 287 (목동)
전화 02-2653-7600, 팩스 02-2653-0433
www.acornpub.co.kr / editor@acornpub.co.kr

한국어판 ⓒ 에이콘출판주식회사, 2017, Printed in Korea.
ISBN 979-11-6175-013-2
http://www.acornpub.co.kr/book/obfuscation
이 도서의 국립중앙도서관 출판시도서목록(CIP)은 서지정보유통지원시스템 홈페
이지(http://seoji.nl.go.kr)와 국가자료공동목록시스템(http://www.nl.go.kr/
kolisnet)에서 이용하실 수 있습니다.(CIP제어번호: CIP2017014565)

책값은 뒤표지에 있습니다.